Renée Schroeder
mit Ursel Nendzig

Von Menschen, Zellen und Waschmaschinen
Anstiftung zur Rettung der Welt

Renée Schroeder
mit Ursel Nendzig

VON MENSCHEN, ZELLEN UND WASCHMASCHINEN

Anstiftung zur Rettung der Welt

Residenz Verlag

Bibliografische Information der Deutschen Nationalbibliothek
Die Deutsche Nationalbibliothek verzeichnet diese Publikation in der Deutschen
Nationalbibliografie; detaillierte bibliografische Daten sind im Internet
über http://dnb.dnb.de abrufbar.

www.residenzverlag.at

© 2014 Residenz Verlag
im Niederösterreichischen Pressehaus
Druck- und Verlagsgesellschaft mbH
St. Pölten – Salzburg – Wien

Abbildungen: Renée Schroeder
Umschlaggestaltung: Thomas Kussin/buero8
Umschlagbild: Rauchecker Photography
Grafische Gestaltung/Satz: BoutiqueBrutal.com
Schrift: Minion
Lektorat: Stephan Gruber
Gesamtherstellung: CPI Moravia Books

ISBN 978 3 7017 3328 6

Unseren Söhnen

INHALT

Sollten wir unsere Zukunft nicht besser gestalten?

Oder: Weiterhin ein unbequemer Weg

Wir Menschen befinden uns an einem Wendepunkt. Das können wir nicht leugnen. Unser Wachstum hat eine Grenze. Das ist eine einfache Milchmädchenrechnung. Wir tun aber so, als ob es immer so weitergehen müsste. Immer weiter, immer schneller! Wir wissen zwar nicht, wohin die Reise geht, aber Hauptsache, wir sind als Erste dort (frei nach → Helmut Qualtinger)! Wir fühlen zwar, dass es nicht so weitergehen kann, jedoch sind wir Weltmeister im Leugnen und im Selbstbetrug. Wir leben so, als gäbe es ein Leben nach dem Tod, so, als müssten die Wirtschaft und die Bevölkerung des jeweils eigenen Landes (nicht die Weltbevölkerung!) ewig weiterwachsen, damit es genug Arbeitsplätze gibt und die Pensionen gesichert sind. Doch werden wir, die leidvoll nach Erkenntnis streben, ständig davon abgehalten, der Tatsache ins Auge zu sehen, dass wir sterblich sind, dass das Wachstum eine Grenze hat. Und dass wir uns etwas Neues einfallen lassen müssen.

Im Bewusstsein, dass wir nur EIN Leben haben und dass wir nach dem Tod eben nicht mehr »sind«: Sollten wir dann nicht dafür sorgen, dass dieses eine wertvolle Leben erfolgreich ist? In unserem individuellen Sinn erfolgreich, versteht sich. Unsere Einstellung zur Zukunft und zum Leben ändert sich existenziell, wenn wir uns nicht auf ein Leben nach dem Tod einstellen (können).

9

Warum dieses Buch? Eine Fortsetzung von »Die Henne und das Ei«? Ja! Eine Weiterentwicklung und mit dem gleichen Konzept. Eine ähnliche Übung. Auf der Suche nach dem Sinn des Lebens! Nicht mehr nach dem Ursprung des Lebens. Diesen haben wir ja bereits begriffen. Der Sinn des Lebens ist ein → Mem, eine idealisierte menschliche Erfindung. Wir haben zwar erkannt, dass wir dem Leben einen Sinn geben können. Aber was nun?

Zurück zu den drei dringendsten Fragen: Wer sind wir? Woher kommen wir? Wohin gehen wir? Die ersten zwei Fragen können wir systematisch angehen und das Puzzle Stück für Stück zusammensetzen. Das erledigen tausende Wissenschaftler und Wissenschaftlerinnen für uns. Aber die dritte? Was machen wir mit dieser dritten Frage? Wohin gehen wir? Sollen wir ein Orakel fragen? Aladins Lampe reiben? Oder suchen wir nach der weisen Fee, die uns diese dritte Frage beantworten könnte?

Wohin wollen wir gehen?

Diese Frage hat es in sich! Denn die Zukunft gibt es ja noch nicht! Sie steht noch nicht fest. Niemand kann sie kennen – manches lässt sich vielleicht erraten, aber da es das Kommende noch nicht gibt, macht es auch keinen Sinn, es vorab herausfinden zu wollen. Wäre ja totaler Humbug! Und wenn wir ehrlich sind, wollen wir es gar nicht kennen. Es wäre das Ende unserer → Kreativität, denn dann hätten wir ja keinen Einfluss mehr darauf, wir wären vollkommen ohnmächtig. Wenn alles vorbestimmt wäre, hätten wir keine Aufgabe mehr. Dann wäre wirklich alles sinnlos.

Und genau das ist der Punkt: dass es keinen Sinn macht, die Zukunft vorhersehen zu wollen, sondern dass es unsere einzigartige Chance ist, sie selbst zu gestalten. Ja! Selbst gestalten! Aber wie sollen wir sie gestalten? Haben wir überhaupt Einfluss darauf, wie die Zukunft aussehen wird? Genau darum geht es in diesem Buch. Ich möchte gerne animieren zu überlegen, was wir aus unserem Leben machen wollen und wie wir die Zukunft unseres Planeten Erde gestalten können. Haben wir die Wahl? Haben wir den → freien Willen zu erkennen, was sein sollte, um dann auch danach zu handeln? Ja, viel mehr noch: Wir sind zur Freiheit verurteilt, zu bestimmen, wie es mit der Spezies Mensch weitergeht.

Was wollen wir? Diese Frage wird uns bei wichtigen Entscheidungen nicht oft gestellt. Wissen wir genug, um guten Gewissens gestaltend auf die Zukunft einwirken zu können? Oder entsteht da wieder eine mörderische ideologische → Utopie? Können wir bei möglichst guter Kenntnis der Vergangenheit und wenn wir die Zusammenhänge der einzelnen Tatsachen verstanden haben, unsere Zukunft gestalten? Was haben wir denn bis jetzt gelernt? Was uns die → Evolution sehr wohl gezeigt hat, ist, dass sie kein Ziel hat. Unsere Entwicklung ist nicht vorherbestimmt und nicht zielgerichtet, sondern abhängig von den vielen Einzelereignissen, die den Weg ebnen für die nächsten Einzelereignisse. Ganz pragmatisch! Auf die Evolution der Menschen zurückblickend, erkennen wir den Weg, den sie gegangen ist – und gleichzeitig erkennen wir, dass dieser Weg von unzähligen unvorhersehbaren Ereignissen bestimmt wurde. Wenn wir den Weg noch einmal beschreiten würden, wäre das Ergebnis ziemlich sicher ein anderes.

Und jetzt auf einmal soll es ein Ziel geben?

Jetzt sollen wir ein Ziel formulieren, eine Vision entwickeln? Uns ein Ziel setzen, eine Straße dorthin bauen und dann dieser Straße blindlings folgen? Das kann es ja wohl nicht sein. Bis jetzt waren die populärsten Endzeitszenarien der Menschheit der »Jüngste Tag« oder das »Jenseits«. Aber was gibt es sonst? Wir wissen, dass wir nach unserem Tod zwar nicht mehr sein werden, dass unsere Handlungen aber Folgen haben werden. Und genau diese Eigenschaft wurde durch die Evolution selektiert: Jene Menschen, die an ihre Nachkommen gedacht haben, haben es möglich gemacht, dass eben diese Nachkommen heute noch leben. Ich möchte hier ganz trocken und ganz ohne Spiritualität dafür plädieren, dass wir → Verantwortung für die Jahrhunderte nach uns übernehmen, auch wenn es uns dann nicht mehr gibt. Also eine echte → altruistische Handlungsanleitung. Diese steckt bereits in unseren → Genen!

Ich mache den Vorschlag, dass wir uns anstrengen und unser → Wissen anwenden, weil wir erkannt haben, dass unsere Handlungen Folgen haben. Dass wir bestimmen (müssen), wie der Mensch sich weiterentwickelt.

Wir müssen weiterdenken, für die Zukunft. Das 20. Jahrhundert kann mit Sicherheit als jenes angesehen werden, welches das meiste Wissen hervorgebracht hat. Die gegenwärtige Wissensproduktion ist atemberaubend, und daraus resultiert eine neue Berufssparte: die der Wissenskommunikatoren! Bereits der österreichische Psychoanalytiker → Otto Rank empfand am Anfang des 20. Jahrhunderts, dass es eine Überproduktion an Wissen gebe, das anscheinend nicht konsumiert werden kann. Jetzt, fast ein Jahrhundert später, wächst unser Wissen exponentiell. Wie sollen wir dieses konsumieren? Was sollen wir mit dem vielen Wissen anfangen? Eben dies: Lösungen für die Zukunft finden!

In meinen Augen ist Wikipedia das wichtigste soziale Projekt, das die Menschheit je zustande gebracht hat in Richtung Aufklärung. Dieses Wissen des Menschen soll für immer jedem bereitstehen, der es sich aneignen will. Wozu ist dieses Wissen gut? Das ist ja wohl klar! Um mündige Bürger hervorzubringen, die in der Lage sind, ihr eigenes Leben so zu gestalten, dass es individuell erfolgreich ist und dass ihre Nachkommen auch wiederum diese einmaligen Chancen haben werden. Ohne sich von Missionaren oder Führern einreden lassen zu müssen, dass es ein Leben nach dem Tod gebe, sodass man beruhigt sein jetziges Leben einer Bewegung oder einer Massenhysterie opfern könne.

Was wir brauchen, sind Menschen, die genug wissen, um zu erkennen, was sie machen sollten. → Bildung im Sinne einer kreativen, eigenverantwortlichen Gestaltungsfähigkeit. Genau! Die Folge eines selbstverantwortlichen Lebens ist Verantwortung! Zu erkennen, dass unsere Taten Folgen haben.

Ist dies eine Illusion? Eine Utopie? Seit wir auf unsere Geschichte zurückblicken können, wollen Menschen die Zukunft vorhersagen. Und das ist sicherlich die treibende Kraft, die uns dazu animiert, Wissenschaft zu betreiben. Wir wollen verstehen, wie das Leben funktioniert, um vielleicht eine Handlungsanleitung für die Zukunft zu finden.

Wir sind an einem Wendepunkt angekommen. Václav Havel nannte unsere Zeit das Ende der Moderne. Eine Epoche geht zu Ende; die Epoche des exponentiellen Wachstums. Der Übergang in eine neue Epoche wird schmerzvoll sein, weil wir nicht wissen, wohin es gehen wird. Oder können wir es? Vorausgesetzt wir strengen uns an, um zu erkennen, was wichtig ist. Vorausgesetzt wir erkennen, dass wir diese Möglichkeit haben, dass es sich lohnt zu überlegen, wie es sein könnte. Weiterdenken! Wir haben eigentlich gar nicht die Wahl; wir müssen handeln! Auch eine Nicht-Handlung ist eine Entscheidung. Wir können aus der Natur und aus den Erkenntnissen der Naturwissenschaften sehr wohl an einem Konzept für die Zukunft arbeiten. Aber es muss ein gutes, anpassungsfähiges, neues Konzept sein; die Voraussetzungen sind heute anders als gestern und werden morgen anders sein als heute. Weil sich in der Natur alles ständig ändert. Wir können von der Natur lernen, wie es gehen könnte. Wir sollten uns neu erfinden! Aber bitte, nicht schon wieder ein Ebenbild → Gottes!

Können wir uns selber neu erfinden? Wenn ja, wem überlassen wir diese Erfindung? Den Politikern? Den Bischöfen? Den Bankern? Den Wirtschaftsbossen? Den IT-Technologen? Den sich verselbstständigenden Rechnern? Wo sind sie, die Weisen, die Philosophen, die Kreativen, die nach Lösungen suchen und in der Lage sind, gute Konzepte zu erstellen, die flexibel genug sind, dass sie dem ständigen Wandel der Welt gewachsen sind?

Wir haben keine Wahl! Wir müssen uns selber neu erfinden! Es liegt an uns, die Zukunft zu gestalten.

Wir können es bewusst tun oder uns einfach treiben lassen, ohne Plan. Beides ist möglich. Es ist unsere Entscheidung, welchen Weg wir wählen werden.

Dieses Buch soll anregen, mit optimistischen Vorsätzen in die Zukunft zu blicken. Optimistisch, weil wir realistisch sind und uns nicht mehr so leicht täuschen lassen wollen. Dieses Buch enthält viele Denkübungen auf der Suche nach einer Anstiftung zur Rettung der Welt, vor allem zur Rettung der Menschen und zur Gestaltung unserer Zukunft. Diese Denkübungen folgen ganz typischen Mustern einer Naturwissenschaftlerin, und ich verwende biologische Begriffe, die zwar historisch belastet, aber dennoch wichtig sind, um die Folgen unserer Handlungen zu erkennen. Zum Beispiel der Begriff »Selektion«: Damit bezeichnet man einen Prozess der Evolution. Der Begriff ist jedoch in der Vergangenheit auch schwer missbraucht worden, und das hatte schreckliche Konsequenzen. Daher ist das Wort heute für viele tabu. Da Selektion aber trotzdem täglich stattfindet, müssen wir achtsam sein und erkennen, was um uns herum passiert.

Jedes Kapitel dieses Buches kann für sich allein in beliebiger Reihenfolge gelesen (oder vorgelesen!) werden. Sie brauchen keine Vorkenntnisse. Wo Sie ein markiertes Wort (→) sehen, können Sie im Glossar erklärende Informationen zum Begriff finden. Da werden Sie vielen meiner Helden begegnen, Menschen, die wichtige gedankliche Beiträge zu meinem Weltbild geliefert haben.

Wissen Sie, worauf ich mich am meisten freue? Aus diesem Buch vorzulesen! Aus meinem ersten Buch »Die Henne und das Ei« habe ich gelernt, wie bereichernd die vielen Lesungen in den kleinen Buchhandlungen sind. Mit ein paar Dutzend Leuten den Abend zu verbringen und ihnen aus dem Buch vorzulesen. Und dann ihre Sichtweise der Dinge zu hören. Zu hören, welche Visionen sie haben und wie wir die Zukunft, unsere Zukunft, die Zukunft von uns Menschen gestalten wollen.

Zu hören, wie wir die Welt retten werden.

KAPITEL 1

Das Höhlengleichnis

Oder: Die Grenzen der Wahrnehmung

*Aufklärung ist der Ausgang des Menschen aus seiner selbst-
verschuldeten Unmündigkeit.* → Immanuel Kant

Das Höhlengleichnis: Menschen sitzen gefangen in einer Höhle,
mit dem Rücken zum Eingang. Sie haben das Licht hinter sich.
Gegenstände und sich selbst sehen sie niemals direkt, sondern
nur als Schatten, reflektiert an der Rückwand der Höhle. Das ist
für sie die Realität, daran sind sie gewöhnt. Das ist ihr Horizont,
daraus resultiert ihr Weltbild. Einer der Höhlenbewohner schafft
es nun, diese Höhle zu verlassen und geht hinaus. Zu Beginn ist er
stark vom Licht geblendet, weil es ja etwas ganz Neues für ihn ist.
Auf einmal erblickt er Gegenstände. Und durch den Schatten, den
diese Gegenstände werfen, erkennt er erst, was ein Schatten ist. Er
erkennt zum ersten Mal, was der Gegenstand ist, der den Schatten
wirft. Das ist eine existenzielle Erkenntnis, die alles, was er bisher
gekannt hat, in Frage stellt. Der Höhlenmensch ist natürlich völlig
aufgewühlt, aber auch begeistert von seiner Erkenntnis, und er
geht damit zurück in die Höhle. Er will seinen Höhlenmitbewoh-
nern erzählen, was er erlebt hat. Er hat das Bedürfnis, ihnen seine
neuen Erkenntnisse mitzuteilen. Er erklärt ihnen, was diese Bilder
an der Wand darstellen. Er will ihnen beibringen, was Gegenstände
sind, was die Realität ist. Die Höhlenmenschen verstehen ihn nicht,

sie halten ihn für verrückt. Sie wollten seine Realität nicht erfahren. Denn sie macht ihnen Angst. Als der Höhlenaussteiger dennoch darauf besteht, ihnen seine neuen Erkenntnisse zu vermitteln, bringen sie ihn um.

Platons → Höhlengleichnis steht für mich am Beginn des philosophischen Denkens. → Sokrates war so einer, der die Höhle verließ und am liebsten auf dem Marktplatz die Menschen mit Fragen nervte. Er lebte seine Philosophie und ist sicher einer der bedeutendsten Philosophen und Höhlenaussteiger. Und er wurde zum Tode verurteilt. → Platon war da schon geschickter: Er gründete seine Akademie, um unter Gleichgesinnten und fern von Höhlenmenschen philosophieren zu können.

Platons Höhlengleichnis ist ein Bild, das den Zustand vieler Menschen beschreibt. Jeder von uns sollte sich öfters und ernstlich die Frage stellen, ob er nicht in einer Höhle hockt. Wahrscheinlich stecken wir immer zeitweise in einer platonischen Höhle. Es geht darum, zu erkennen, wie leicht wir in die Höhlenfalle geraten können. Wie leicht wir getäuscht werden können. Von unseren Sinnen, von unseren Wunschvorstellungen, von dem, was wir allzu oft dogmatisch serviert bekommen, von Werbungen, die uns zu ferngesteuerten → Konsumenten machen können, von Fanatikern und Hasspredigern, die ihre Höhlen verteidigen. Wir haben oft Angst, unser Weltbild auf Höhlenschatten zu überprüfen. Das sollten wir aber unbedingt und regelmäßig tun. Wir mögen es halt nicht so gern, wenn an unserem Weltbild gerüttelt wird. Wir identifizieren uns auch stark damit, es ist eng mit unserer → Identität gekoppelt. Viele Menschen haben Angst vor der Realität und fühlen sich in einer sicheren Schattenwelt geborgen. Und dann gibt es auch noch die Höhlenwächter, die aufpassen, dass niemand die Höhle verlässt und vor allem, dass keine Höhlenaussteiger zurückkommen, um die Höhlenmenschen zu befreien.

In meiner Interpretation des Höhlengleichnisses sind die stärksten Schattenbilder die dogmatischen religiösen Lehren, die geschichtlich, politisch und familiär geschürten Feindbilder, die uns von Kind an begleiten und nicht mehr loslassen. Diese lassen unser Weltbild leicht zu einem Schattenbild werden.

Natürlich besteht immer das Risiko – und es ist sogar sehr wahrscheinlich –, dass das außerhalb der Höhle Gesehene ebenfalls eine Täuschung ist. Es ist ja verdammt schwer, Dinge wirklich zu erkennen, sie als das wahrzunehmen, was sie sind. Aber wer einmal die Freude am Lernen, am Nachdenken und an der Erkenntnis gekostet hat, kommt nur mehr schwer davon los. Obwohl dieses ständige Hinterfragen und Zweifeln ja echt anstrengend ist.

Das Streben nach Erkenntnis ist es, was uns Menschen zu Menschen werden lässt.

Die Erkenntnis der eigenen Existenz. Das Verständnis von Zusammenhängen in der Welt und davon, was sie alles zusammenhält. Dieser Wunsch nach Erkenntnis ist der eigentliche Motor der Wissenschaft. Es gilt stets zu hinterfragen, was man wahr- und annimmt. Da sind wir dann schon bei → Wittgenstein: Welche Aussagen und Annahmen können wir eindeutig machen? Nicht viele. Wir müssen uns immer bewusst sein, dass wir leicht getäuscht werden können. Unsere Sinne lassen sich leicht austricksen, und oft sehen wir nur, was wir sehen wollen. Außerdem müssen unsere Sinne ja erst geschult werden. Erst dann können wir Dinge wahrnehmen, weil wir eher dazu tendieren, das bereits Bekannte, das Gelernte wahrzunehmen. Aber diese Schulung der Sinne wird ja schon wieder die Wahrnehmung in eine Richtung lenken und die Objektivität vermindern! Wie sollen wir unterscheiden können, was Tatsache ist und was nur ein Konstrukt unserer Gedanken? Die Naturwissenschaften haben uns dazu verholfen, dass wir vieles erkannt haben, das auch ohne unsere Gedanken existiert. Dinge, die eben Tatsachen sind, ganz im Sinne Wittgensteins.

Etwas in Frage zu stellen, sollte eine Pflichtübung sein, um seine rationalen Fähigkeiten zu erproben und zu trainieren. So sind auch Gottesbilder zu hinterfragen. Ein dogmatisch eingeprägtes Gottesbild loszuwerden, ist in meinen Augen eine wichtige

Voraussetzung, um den Ausstieg aus der Höhle zu schaffen. Man kann natürlich danach darauf zurückkommen, wenn man zur Einsicht gelangt, dass man einen Gott will. Warum ist diese wichtige geistige Übung, die Hinterfragung der Existenz Gottes, die Gotteslästerung, eine strafbare Handlung? Warum erwähne ich das hier? Weil diese jahrhundertelang ausgeübte Gewalt gegen Höhlenaussteiger sich sicherlich evolutionär auf das Verhalten der Menschen ausgewirkt haben muss. Hoffentlich ist diese Prägung nur → epigenetisch! Es ist meine grundsätzlich optimistische Einstellung, die mich dies hoffen lässt. Dann wäre eine solche Formung wahrscheinlich schneller reversibel. Dann wären Schattenbilder leichter wieder zu löschen, als wenn diese Prägung genetisch fixiert worden wäre. Aber das ist noch nicht erforscht.

Der US-amerikanische Genetiker → Dean Hamer hat vor ein paar Jahren die These veröffentlicht, dass es ein Gen gibt, welches einen Einfluss darauf haben könnte, ob ein Mensch religiös veranlagt ist oder nicht. Diese Arbeit ist aber noch nicht von den Spezialisten im Feld anerkannt. Ein über Jahrhunderte dauernder Höhlenaufenthalt führte sicherlich dazu, dass ein Höhlenverhalten als breites menschliches Verhalten evolutionär selektiert wurde, was zur Folge hat, dass Menschen schweigen, sich ducken und sich eher davor fürchten, laut nachzudenken und den herrschenden Dogmen zu widersprechen. Umso mehr schulden wir den Philosophen, die es trotz Gefahren immer und immer wieder gewagt haben, die Höhle zu verlassen, Respekt und Anerkennung.

Ist die Philosophie der letzten zwei Jahrtausende dann überhaupt noch brauchbar und relevant?

Denn die Philosophie war eigentlich (fast) nie frei! Philosophen durften viele Dinge nicht aussprechen, wenn es gegen die Lehren der Staatsreligionen oder der Staatsdogmen verstieß. Sie hatten bis zur Zeit der Aufklärung einen sehr engen gedanklichen Bewegungsraum. Sie mussten immer wieder Bezug zu Gott und zu Herrschern nehmen, um nicht der Häresie, der Ketzerei, verdächtigt zu werden. Auch heute hört man noch oft die Aussage, dass man nicht → Atheist sein könne, weil das auch ein Glaube sei. Eben der Glaube, dass es keinen Gott gibt. Man müsste → Agnostiker sein, also angeben, dass man eben nicht wissen kann, ob Gott existiert. Das lasse ich natürlich als Meinung und Haltung gelten. Aber Gott ist und bleibt ein Mem (siehe Kapitel 7), und es kann nicht Methode der Philosophie oder der Wissenschaft sein, elegante Behauptungen, die man nicht testen kann, in den Raum zu stellen, um dann so zu tun, als hätte man die Wahrheit gefunden, nur weil sie nicht analysierbar ist. Dieses Verhalten führt schnurstracks in eine Sackgasse, in eine Höhle. Und so ein Verhalten schafft nur Scheinprobleme, die es nicht gäbe, wenn sie eben nicht in die Welt gesetzt worden wären. Bleiben wir doch bei der Realität!

Aus diesem Grunde mache ich mir oft Gedanken darüber, inwieweit alte philosophische Konstrukte heute noch brauchbar sind, wenn sie immer im Korsett des Glaubens stattgefunden haben, weil das religiöse Weltbild so dominant war. Weil sie sich viel zu oft mit artifiziellen Scheinproblemen beschäftigt haben und noch immer beschäftigen. Schafft man es überhaupt, Schattenbilder wieder loszuwerden, wenn diese einmal im Gehirn eingeprägt sind und die Vorstellungen über die Welt dominieren? Die Vorstellung, dass man immer beobachtet wird, prägt das Grundverhalten der Menschen! Jeder, dem das christliche Gottesbild eingeprägt wird, lebt das virtuelle → »1984«. Auf einer Mauer in der Wiener Innenstadt habe ich gelesen: »Überwachung ist Unterdrückung«. In der Philosophie und in der Wissenschaft geht es um die Suche nach der Wahrheit und um das menschliche Grundbedürfnis, die Welt zu verstehen – nicht um Macht.

Erfreulicherweise kam im 18. Jahrhundert die Zeit der → Aufklärung. Nach vielen Jahrhunderten der Unterdrückung des Wissens (das Wissen war nur ganz wenigen zugänglich, Bildung war ein Gut für wenige Privilegierte) kam → David Hume und verhalf uns Europäern und vor allem Kant, aus unserem dogmatischen Schlummer zu erwachen. Das 19. Jahrhundert kann wenigstens in Europa als jene Zeit gesehen werden, in der viele Menschen die Höhle verließen. Und auf einmal war es möglich und immer leichter, die Höhle zu verlassen. Die Folgen dieses Höhlenausstiegs waren gewaltig (siehe Kapitel 2).

Es ist eine Tatsache, dass viele Menschen ein geschütztes Höhlendasein führen, darin glücklich sind und dort auch bleiben wollen. Aber warum sind sie so intolerant gegenüber Höhlenaussteigern? Für mich stellt sich auf jeden Fall die Frage, ob es nicht die Pflicht der Menschen ist, sich ein Basiswissen anzueigen – oder mit anderen Worten: Gibt es das Recht auf Nichtwissen? Was sollte jeder Staatsbürger wissen müssen? Demokratie funktioniert nur mit Bildung und mündigen Bürgern, die in der Lage sind, eigene Entscheidungen zu treffen.

Meiner Meinung nach befassen sich unsere modernen Philosophen viel zu wenig mit den neuen Erkenntnissen der Naturwissenschaften, der Physik, der Biologie und der Neurowissenschaften. Es gibt viele kritische Stimmen gegenüber diesen Wissenschaften – und das ist gut und auch notwendig –, aber oft ist die → Kritik eine kategorische Ablehnung aufgrund von Bequemlichkeit oder politischem Kalkül. Oft ist die Kritik unberechtigt und basiert auf Unwissen und Ignoranz, auf mangelndem Verständnis der Materie. Angst vor dem Unbekannten spielt hier natürlich auch eine große Rolle. Eine gute Kritik muss aber die gleichen strengen Regeln befolgen wie die wissenschaftlichen Methoden selbst.

Kritik ist die wichtigste Methode der Wissenschaften auf der Suche nach Erkenntnis.

Daher ist es nicht zulässig, dass Glaubensgemeinschaften sich das Recht nehmen, Kritik an ihrer Lehre zu verbieten. Mich wundert es immer, warum manche Gläubige so sensibel sind, wenn man ihren Glauben kritisiert, während sie gar nicht zimperlich dabei sind, Andersgläubige und Ungläubige zu diskriminieren und zu ermorden. Erst durch das harte Training der Kritik gewinnt man Sicherheit. Man kann das eigene Weltbild besser formulieren und man lernt auch andere Weltbilder zu verstehen und zu akzeptieren. Genauso wird Kritik am Glauben diesen selbst stärken, wenn er inhaltlich standhält. Wenn nicht, geht die widerlegte Vorstellung wieder verloren. So funktioniert Evolution. Natürlich könnte man Erkenntnisse für sich behalten und nicht mit anderen teilen, also mit seinem Wissen alleine bleiben. Dann bringt man sich auch nicht in Gefahr, verfolgt und getötet zu werden – wie einst Philosophen, Ketzer und Hexen. Höhlenaussteiger werden ja oft gesellschaftlich geächtet, weil sie nicht verstanden werden. Wenn man etwas erkannt hat, das die Gesellschaft nicht hören will, wird man schnell zum Außenseiter. Es ist ein sehr mutiger Schritt, die Höhle zu verlassen. Das sagen auch viele Philosophen der Aufklärung: Man braucht sehr viel Mut zur Wahrheit und zum Wissen, weil man sich nicht nur auf unbekanntes Terrain begibt, sondern auch Gefahr läuft, einen Irrweg einzuschlagen. Es ist wahrscheinlich sogar meistens der Fall, dass es ein Irrweg ist, wenn man einen neuen, unerprobten Weg beschreitet. Aber wenn man es nicht ausprobiert, wird man es nie erfahren. Daher muss es immer wagemutige Menschen geben, die auf Abenteuer gehen. Das ist es ja gerade, was den Wissenschaftler und Forscher ausmacht. Was die Evolution unseres Weltbildes möglich macht. Und was den Menschen schließlich zum Menschen gemacht hat.

Wie viele Höhlenaussteiger braucht (oder verträgt) eine Gesellschaft? In jeder Gesellschaft gibt es Regeln, die das Zusammenleben erst möglich machen. Das können Gesetze sein, die auf demokratische Weise entstehen und einen Konsens darstellen, oder eben dogmatische → Gebote, die von einigen wenigen – meist mit Gewalt – anderen aufgezwungen werden. Im Großen und Ganzen halten sich die Menschen daran, wenn diese Regeln als praktikabel, gerecht und fair anerkannt werden. Wenn Gesetze nicht gerecht sind, müssen sie mit der Androhung von Strafe und Gewalt eingefordert werden. Interessanterweise gibt es in jeder Gesellschaft Menschen, die sich nicht an diese normativen Verhaltensregeln halten und diese mehr oder weniger offen bekämpfen. Im Positiven wie im Negativen. Die Verantwortung für eigenständiges Handeln ist oft mit Ungehorsam verbunden. In vielerlei Hinsicht ist Ungehorsam eine Pflicht gegenüber dem Gerechtigkeitssinn. Und diesen gibt es ja in sehr unterschiedlichen Prägungen. Hier ein sehr trauriges Beispiel: der Kopftuchzwang für Frauen. Was soll diese unterdrückende Regel für einen Sinn haben, außer jenen, dass Frauen unsichtbar gemacht und unterdrückt werden? Und diese sinnleere Regel gibt es schon etliche tausend Jahre, man kann darüber bereits im → Gilgamesch-Epos nachlesen. Eine der allerältesten schriftlichen Überlieferungen menschlicher Kultur beinhaltet eine Szene, in der → Königin Ischtar klagt, dass man sie für die Sintflut verantwortlich macht, da sie ihren Schleier nicht getragen hat. Können Sie sich das vorstellen? Diesen Schwachsinn gibt es schon seit 4000 Jahren! An diesem Beispiel erkennen wir, wie weit die Menschheit noch in der Höhle steckt. In einer sehr tiefen und finsteren Höhle. Der Schleier ist eine mit Gewalt aufgezwungene Höhle, welche die Wahrnehmungsfähigkeit stark beeinträchtigt.

Ich kann mir schon denken, warum es bei Männern dieses Bedürfnis gibt, ihre Frauen zu verstecken: damit kein fremder Mann sie befruchtet. Denn dann würde er ja fremde Gene aufziehen und seine Ressourcen zum Erfolg eines anderen Mannes vergeuden. Das macht evolutionär eindeutig Sinn. Aber: Im 21. Jahrhundert gibt es die → Gentechnik, und jeder Vater könnte eindeutig wissen, ob er der genetische Vater seines Kindes ist. Wenn es ihm wichtig ist. Frauen müssen sich also in Zukunft einfach offen dazu bekennen, wenn sie Kinder von verschiedenen Vätern haben wollen. Und in unserer aufgeklärten Gesellschaft ist das ja auch möglich.

Spannend ist nämlich die Tatsache, dass es sowohl im Tierreich als auch bei Menschen doch viele gibt, die ungehorsam sind. Laut einigen Untersuchungen sind 10 bis 20 Prozent aller Kinder nicht vom angegebenen Vater. Hier gibt es einen weiblichen Ungehorsam, der Frauen und Tierweibchen dazu veranlasst, von mehr als nur einem Männchen Nachwuchs zu bekommen. Und das ist in evolutionärer Hinsicht durchaus sinnvoll! Denn es erhöht die Wahrscheinlichkeit, dass ein »Superkind« mit guten Genen entsteht. Blaumeisen-Weibchen etwa suchen sich einen soliden

Nestbauer zur Aufzucht ihrer Nachkommen – und zur Befruchtung besonders fitte Männchen. Die Nachkommen, die nicht vom Nestbauer sind (der das Meisenweibchen nach dem Fremdgehen mit Flügelschlägen bestraft), sind fitter und haben eine höhere Chance, den ersten Winter zu überleben. Ist das eine Erklärung, warum heute, wo die Partnerwahl liberaler geworden ist, Patchwork-Familien entstehen? Vielleicht sind diese fitter! Wer weiß, was wir eines Tages noch alles entdecken werden.

Die Frage ist nun: Ist dieses Verhalten gegen die Regeln der Gesellschaft eine freie rationale Entscheidung, oder ist es in unseren Genen eingeprägt, weil es sich evolutionär bewährt hat? Es könnte leicht sein, dass ein gewisses Maß an Ungehorsam, eine bestimmte Anzahl an Höhlenaussteigern, für die Entwicklung und den Erfolg einer Gesellschaft notwendig war und weiterhin ist. Und daher hat sich dieses Verhalten entwickelt und trotz vieler Risiken evolutionär angereichert.

Was können wir als gesichertes Wissen betrachten?

Wenn wir unsere Zukunft gestalten wollen (und müssen), dann sollten wir uns auf möglichst gut gesichertes Wissen verlassen können.

Die wissenschaftliche Methode ist, möglichst sinnesunabhängig und wiederholbar Fakten zu bestimmen. → Experimente zu machen, sie zu wiederholen. Dann wiederholt sie jemand anderer mit einer anderen Methode. So lange, bis man sagen kann, dass eine Aussage unter definierten Bedingungen korrekt ist. Sodass man Voraussagen machen kann, die dann auch zutreffen. So wird zum Beispiel die Wettervorhersage immer besser, je besser wir verstehen, wie Wetter entsteht. Diese Erkenntnisse sollen dann möglichst unabhängig von einer potenziellen Sinnestäuschung sein. Wir versuchen, objektiv zu messen, um den irrationalen Faktor möglichst gering zu halten.

Das Wissen der Menschheit hat im letzten Jahrhundert dank der Naturwissenschaften eine bisher nie dagewesene Entwicklung durchgemacht. Und das meiste davon ist allen Menschen zugänglich, wenn sie lesen können und Zugang zum Internet oder zu Bibliotheken haben. Ich kann Wikipedia gar nicht genug Lob zusprechen: Das ist wirklich das sozialste Projekt, das die Menschheit je hervorgebracht hat. Aber es wird nicht genügen, dass dieses Wissen zugänglich ist, damit man als Individuum davon profitiert.

Das Wissen muss in unseren Köpfen parat sein, damit man es einsetzen kann, um eine eigene Handlungsanleitung entwerfen zu können, also um kreativ und produktiv mit Wissen zu agieren. Das ist notwendig, damit wir Assoziationen herstellen und auf neue Kombinationen und Ideen kommen können. Man hört ja immer wieder, wie kreative Menschen auf neue Ideen kommen: Sie beschäftigen sich intensiv mit einer Frage, arbeiten hart daran, oft tage- und nächtelang, unter Druck. Und dann – in einem Moment der Entspannung – kommt es, das »Heureka«. Unter der Dusche, beim Laufen, beim Aufwachen, beim Schwimmen, beim Wandern, plötzlich kommen die Gedanken zusammen und eine Idee wird geboren, eine Erkenntnis wird gewonnen. Ein Zusammenhang wird erkannt. Fast immer ein Glücksmoment!

Das Wissen ist objektivierbar, Tatsachen sind gesichert (das Flugzeug fliegt, das Narkosemittel betäubt, das → Antibiotikum tötet → Bakterien – und wenn nicht, dann wissen wir mittlerweile auch warum). Aber man muss immer damit rechnen, dass man sich trotzdem irrt, auch wenn man sich ziemlich sicher ist, dass man alle Kontrollen und Fehlerquellen durchgedacht hat. Deswegen ist es notwendig, unsere Erkenntnisse anderen zur Kritik vorzulegen, damit diese mit einem sehr kritischen Blick unsere Gedanken und Experimente nachvollziehen können und auf eventuell übersehene Lücken prüfen. Kritik ist daher eine wichtige Methode. Keine Gemeinschaft darf sich in einer Gesellschaft das Recht herausnehmen, Kritik zu verbieten.

Brauchen wir wirklich so viel gesichertes Wissen? Ich denke: Ja! Weil wir uns für die kommenden Jahre echt etwas einfallen lassen müssen. Wir können »es« nicht einfach so weiterlaufen lassen, ohne mit Überzeugung unser Schicksal, das Schicksal der

Menschheit und unseres Planeten, sanft zu steuern. Ja, ich sage ganz überzeugt »sanft«, denn wir werden mit Sicherheit nicht die Fähigkeit haben, eine strikten Plan für die Zukunft zu machen: Das ist schon öfters schiefgelaufen. Wir brauchen keine neuen Utopien, keine absoluten → Ideologien, die in → Diktaturen ausarten können. Wir müssen von der Natur und der Evolution lernen, dass Vielfalt unser höchstes Gut ist, um evolutionär zu überleben. Und dass sich die Rahmenbedingungen immer und ständig ändern. Was gestern eine gute Lösung war, kann heute eine unbrauchbare Lösung sein. Vor zweitausend Jahren war es gut und notwendig, dass Frauen viele Kinder gebären, damit die Menschheit überlebt – jetzt ist dem nicht mehr so, ganz im Gegenteil (siehe Kapitel 2).

Ist es nicht so, dass per Definition das Menschsein darin besteht, dass wir die evolutionären Kräfte der Natur überwinden und durch Erkenntnis unser Schicksal selbst in die Hand nehmen? Dass wir Verantwortung für die Natur mit allen ihren Lebewesen übernehmen, statt im Kampf um den eigenen Vorteil zu übersehen, dass wir uns damit selbst umbringen? Wettbewerb, → Kompetition als das Recht des Stärkeren hat in der Evolution eine große Rolle gespielt; Menschwerdung bedeutet, dies durch Erkenntnis zu überwinden, um ein lebenswerteres Dasein zu schaffen.

Unser Wissen ist auf dem besten Weg, allen zugänglich gemacht zu werden – über das Internet. Wenn wir es noch zustande bringen, Bildung für alle zu schaffen, dann wird auch eine → globale Demokratie möglich sein, eine echte Demokratie, keine Diktatur der Mehrheit, noch die einer Minderheit. Als Folge dieser globalisierten Wissenszugänglichkeit verbringen wir immer mehr Zeit im digitalen »Netz« und immer weniger Zeit in unserer realen Welt. Daraus entsteht nun wiederum die Gefahr, dass wir verlernen, unsere reale Welt von der digitalisierten Cyberwelt zu unterscheiden. Wie real ist die Cyberwelt? Ist sie eine neue Höhle? Laufen wir Gefahr, dass wir wieder an Sinnesschärfe verlieren, wenn uns die Welt zu sehr als digitale Realität serviert wird? Wie können wir

Kritikfähigkeit erlernen und beibehalten, wenn zu wenige Erfahrungen in der realen Welt gemacht werden?

Ist das Internet eine Höhle? Eine → Cyberhöhle? Eine moderne platonische Höhle im 21. Jahrhundert?

Ist die Cyberwelt eine reale Welt? In vielerlei Hinsicht natürlich schon. Die Menschen sind ja »dort«, in dieser Cyberwelt. Aber sie ist doch eine Art Höhle. Man sieht ja nicht das Analoge, sondern nur eine digitale Darstellung der Realität. Ist diese mit den platonischen Schattenbildern zu vergleichen? Man ist im Netz viel leichter zu täuschen. Das Erkennen der Realität wird schwieriger. Man kann in diese Cyberwelt alle möglichen Bilder stellen, die nicht der Realität entsprechen. Das schafft eben falsche Vorstellungen, Illusionen. Ich erachte es als eine reale Gefahr, dass man leicht in digitale Scheinwelten hineingleitet. Andererseits kann die Cyberwelt sehr viel zu einer transparenten Darstellung der Realität beitragen.

Das dogmatische Schlummern in der Cyberhöhle?

Unsere Sinne müssen zur Wahrnehmung geschult werden. Grundsätzlich passiert das automatisch. Wenn wir eine Fremdsprache hören, erkennen wir oftmals nicht einmal Laute. Auch in der Musik: Wenn wir eine Musik nicht kennen und unser Ohr nicht darauf geschult ist, dann klingt sie zuerst fremdartig und ungewohnt, vielleicht sogar unangenehm. Erst wenn wir uns einhören, erkennen wir bestimmte Strukturen, bestimmte Regeln, eine Melodie. Für das kritische Verweilen in der Cyberwelt müssen wir sicherlich eine neue Sinnesschulung erfinden. Das wird möglich sein – allein durch die unbegrenzten Möglichkeiten und durch die Vielfalt der Ideen und Meme in der Cyberwelt wird diese ein großes Potenzial für uns Menschen darstellen (wenn wir sie richtig nutzen). Werden in dieser Cyberwelt neue Ideen entstehen, die uns gestalten? Werden → Internet-Meme (siehe Kapitel 7) die Lösungen finden, die sich evolutionär durchsetzen, um eine neue menschliche Gesellschaft hervorzubringen?

Ein schöner und versöhnlicher Gedanke zum Thema Wahrnehmung stammt von dem österreichischen Schriftsteller → Egon

Friedell. Er überlegte, wie er → Peter Altenberg zu dessen 50. Geburtstag beehren könnte, und verfasste folgenden Gedanken: »Wer ist Peter Altenberg? Wie könnte man ihn beschreiben? Ist er ein Poet, ein Philosoph, ein Kaffeehausliterat?« Friedell kommt zum Schluss, dass Altenberg ein Wissenschaftler ist! Warum? Weil Peter Altenberg immer Dinge sieht, die den anderen bislang verborgen geblieben sind. Und kaum hat er sie gesehen, sehen sie auch die anderen. Er ist also ein Meister der Wahrnehmung und der Beobachtung. Durch sein naives Hinschauen und Beobachten entdeckt er Neues und macht damit einen neuen Teil der Realität auch für andere sichtbar. Solche Menschen gibt es eben: Sie erkennen Zusammenhänge, wo sie andere noch nicht gesehen haben.

Deshalb hier eine erste Anstiftung zur Rettung der Welt: Die Höhle verlassen. Nicht wegsehen. Die Sinne schärfen und hinschauen!

KAPITEL 2

Die Menschenwachstumskurve

Oder: Wohin geht die Reise?

Wachstum um des Wachsens willen ist die Ideologie der Krebszelle.

→ Edward Abbey

Wir wachsen. Das ist nichts Neues. Wir Menschen befinden uns in exponentiellem Wachstum. Wir wachsen viel zu schnell, sind bereits viel zu viele für eine einzige Erde. Darüber sind sich alle Experten schon seit Langem einig, genauso darüber, dass es so nicht weitergehen kann. Ich habe mir das Phänomen unseres Wachsens angesehen und bin von einer Beobachtung verwundert und fasziniert – so sehr, dass sie auch zur Grundlage für dieses Buch geworden ist. Die Beobachtung nämlich ist, dass die Menschheit unglaublich lange, zweitausend Jahre, überhaupt nicht gewachsen ist!

Zu jener Zeit, in der Platon lebte und sich mit dem Höhlengleichnis befasste (siehe Kapitel 1), 400 Jahre vor dem Beginn unserer Zeitrechnung, gab es etwa 300 Millionen Menschen auf der Erde. Einen sicheren Nachweis für diese Zahl kann es natürlich nicht geben, die Volkszählung in unserem heutigen Sinn gab es noch nicht, die Schätzungen sind daher sehr ungenau. Aber zwischen 170 und 400 Millionen sind es wahrscheinlich gewesen; die UNO nimmt an, dass es rund 300 Millionen waren.

Im Jahre 0 waren es immer noch 300 Millionen. Das Jahr 0 gibt es eigentlich nicht, denn die Zeitrechnung beginnt ja mit dem

Jahr 1. Es besteht außerdem eine Fehlerwahrscheinlichkeit von plus/minus zehn Jahren, da unsere Zeitrechnung aus dem 6. Jahrhundert stammt und – nicht ganz fehlerfrei – rückwärts datiert wurde. Aber rund um den Beginn unserer Zeitrechnung waren wir 300 Millionen.

Im Jahr 1000 war ein sachter Anstieg zu bemerken, es waren etwa 310 Millionen Menschen.

Erst im 17./18. Jahrhundert fing die Menschheit an, so richtig zu wachsen. Die erste Milliarde erreichte sie Anfang des 19. Jahrhunderts, um das Jahr 1804.

Also 2000 Jahre lang praktisch kein Wachstum.

Anfang des 20. Jahrhunderts hatte sich die Bevölkerung dann bereits verdoppelt. Von einer auf zwei Milliarden im Jahr 1927. In nur hundert Jahren!

Im Jahr 2000 waren es sechs Milliarden Menschen.

Im November 2011 bereits sieben Milliarden.

Die achte Milliarde ist für 2020 bis 2025 vorhergesagt.

Im Jahr 2050 werden wir wahrscheinlich neun Milliarden Menschen auf der Erde sein. (Wir wachsen also wieder langsamer!)

Zwei Jahrtausende lang ist die Menschheit also so gut wie nicht gewachsen! Von der Zeit der griechischen Antike bis in etwa zur Zeit der Aufklärung. Obwohl Frauen im Normalfall sehr viele Kinder hatten, es keine → Pille gab, Kinder die einzige Altersversorgung waren und das Leben der Frauen darüber hinaus sich sogar fast ausschließlich auf das Gebären und Aufziehen der Kinder konzentriert hat.

Warum also 2000 Jahre lang kein Wachstum?

Kriege? Das allein kann es nicht gewesen sein. Die mörderischsten Kriege gab es erst im 20. Jahrhundert.

Seuchen? Mag sein. Man bedenke zum Beispiel, was in Nordamerika passierte, als von 55 Millionen Ureinwohnern nur 5 Millionen die Kolonialisierung überlebt haben – das allein sind 50 Millionen »minus«. Abgesehen von den kriegerischen Auseinandersetzungen waren es unheimliche Seuchen, welche die Menschen dahinrafften.

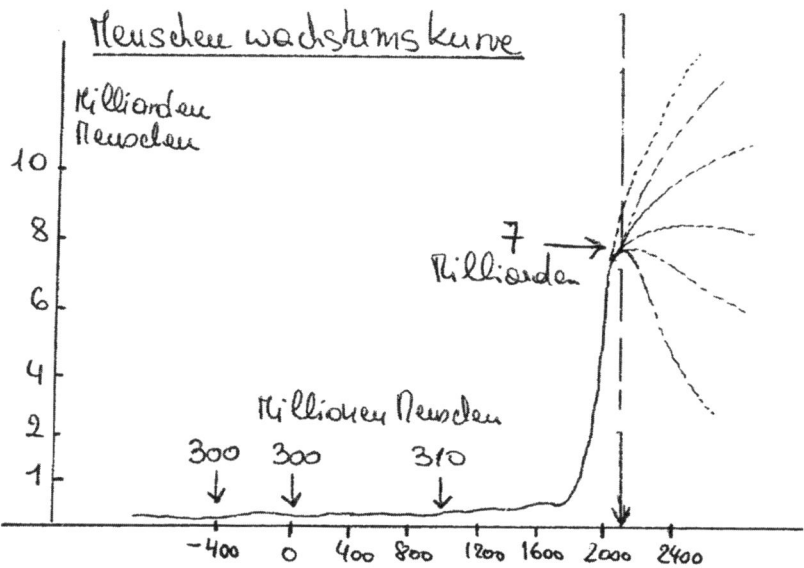

ABBILDUNG 1:
Die Menschenwachstumskurve
Auf der X-Achse ist die Zeit in Jahren eingetragen; –400 bedeutet 400 Jahre
vor unserer Zeitrechnung. Auf der Y-Achse ist die Anzahl der Erdbewohner in
Milliarden dargestellt. Die gestrichelten Kurven sind mögliche Szenarien.

Die nordamerikanischen Ureinwohner waren nicht resistent gegen die Krankheiten, welche die Europäer mit sich brachten. Die meisten → viralen Krankheiten entstehen dadurch, dass Tiere domestiziert werden und oft in nahem Kontakt oder im gleichen Raum gehalten werden, in dem auch Menschen wohnen. Viren mutieren und gehen vom Tier auf den Menschen über – wie etwa Grippeviren, die vom Geflügel stammen. In Amerika aber wurde bis zur Ankunft der Europäer kaum ein Tier domestiziert. Die Indianer lebten nicht so eng mit ihrem Vieh zusammen und hatten daher auch keine Abwehrkräfte gegen die europäischen Viren. Abgesehen von den vielen bakteriellen Seuchen, welche die Kolonialmächte mitschleppten, etwa → Cholera und → Typhus. Wir Europäer waren tödlich.

In den Städten waren → Pest und Cholera stark verbreitet. In der Abbildung 1 sind um 1400 und um 1650 kleine Knicke nach unten zu sehen: Das waren die Pestepidemien. Menschen lebten eng zusammen und hatten nur sehr wenig Möglichkeit zur → Hygiene. Die → Lebenserwartung war entsprechend niedrig und die → Kindersterblichkeit hoch. Frauen hatten fünf bis zehn Geburten im Verlauf ihres Lebens, um gerade einmal zwei Kinder durchzubringen. Zwei Kinder pro Frau bedeuten: Die Bevölkerung wächst nicht. Bei 2,1 Kindern pro Frau wäre die Bevölkerungszahl stabil (etwas über zwei, da einige Menschen jung sterben, andere keine Kinder bekommen).

Eine weitere Erklärung sind die geringen Ressourcen in früheren Zeiten. Die Landwirtschaft wurde nur manuell betrieben, die Feudalherrschaft ermöglichte den Bauern kaum eine gesunde Lebensweise, geschweige denn, dass sie Reichtum hätten erarbeiten können bzw. motiviert gewesen wären, die Landwirtschaft innovativ zu betreiben, damit es zu einer Steigerung der Ernten gekommen wäre. Hungersnöte rafften die Bevölkerung ganzer Landteile dahin. Man erinnere sich an die Hungerkatastrophe in Irland im 19. Jahrhundert: Zwischen 1845 und 1860 sind in Irland eine Million Menschen verhungert und zwei Millionen ausgewandert. Irlands Bevölkerung hat sich durch diese Hungersnot, die durch die Kartoffelfäule hervorgerufen wurde, fast halbiert – und das zu einer Zeit, in der Europas Bevölkerung kontinuierlich wuchs.

Der Bildungsstand der Bevölkerung war minimal, die meisten Menschen konnten weder lesen noch schreiben, die ärztliche Versorgung war nicht existent, Frauen hatten so gut wie keine Möglichkeit, sich zu bilden und zu entwickeln. Es herrschte das Recht des Stärkeren, die Fürsten und die Religionen hatten das Sagen.

Das alles sind einige mögliche Erklärungen für das ausbleibende Wachstum. Was aber passierte im 18. und 19. Jahrhundert? Was löste das explosionsartige Bevölkerungswachstum aus?

Warum wird Wachstum plötzlich möglich?

Da gibt es viele Indizien und viele sich teilweise widersprechende Theorien, was der Auslöser für das plötzlich einsetzende Wachstum gewesen sein könnte. Einer der Ersten, der sich mit dieser Frage des Wachstums der Weltbevölkerung und der Wirtschaft befasste, war der Engländer Thomas Malthus, der um die Wende vom 18. zum 19. Jahrhundert lebte. Er war ein Pessimist: Er war der Überzeugung, dass das Wirtschaftswachstum nicht mit dem Bevölkerungswachstum mithalten werde können und dass es daher immer zu einem Ausgleich durch Hungersnöte kommen würde. Er unterschätzte, wie schnell die Lebensmittelproduktion sich beschleunigen würde.

Um 1500 wurde Amerika entdeckt. → Kopernikus und → Galilei haben uns im 16. und 17. Jahrhundert aus dem Mittelpunkt des Universums katapultiert. → Newton brachte die wissenschaftliche Revolution. Den Menschen wurde auf einmal klar, dass sie vielleicht eines Tages die Welt verstehen könnten. Alle diese Meisterleistungen der Wissenschaft haben den Grundstein gelegt für die Zeit des Aufbruchs und des Abenteuers. Der Wissensdrang wurde entzündet. Dann, im 18. und 19. Jahrhundert, einer unheimlich spannenden Zeit, kamen einige Faktoren zusammen:

Der Beginn der → Industrialisierung. Arbeitsteilung, mehr Maschinen. Das bedeutete: Mehr Essen konnte auf effizientere Weise hergestellt werden.

Die Aufklärung. Bildung wurde zu einem Volksgut, Pflichtschulen wurden eingeführt, Universitäten gegründet. Es war auf einmal möglich geworden, sich von Gott zu lösen. Die zweitausend »dunklen« Jahre waren vorbei. Jahrhunderte, über die man eigentlich nicht viel weiß, weil das Wissen in den Klöstern verborgen lag, weil sehr vieles okkult war, geheim und diffus. Das genaue Gegenteil davon, wie mit Wissen eigentlich umgegangen werden sollte: weit verbreitet, jedem zugänglich.

Nationalstaaten entstanden. Sobald es feste Strukturen gab, gab es auch organisierten Zugang zu Bildung und Nahrung. Den Menschen wurde die Möglichkeit gegeben, sich aus ihrer Ohnmacht zu befreien. Für mich steht hinter dieser Zeit, der Zeit der Aufklärung, vor allem die Entdeckung der eigenen Kreativität. Die Entdeckung, dass man etwas gegen die Umstände, die einen umgeben, unternehmen konnte. Dass man dem Schicksal von Kriegen und Seuchen nicht ausgeliefert war, sondern versuchen konnte, Kriege durch Politik zu verhindern und Krankheiten durch Forschung zu bekämpfen. Und dass es nicht mehr von Gott gewollt war, dass man an der Grippe oder einer Lebensmittelvergiftung starb. Kein Zufall, dass → Louis Pasteur und → Robert Koch in diesem Jahrhundert Bakterien entdeckten und die Menschen lernten, Lebensmittel durch Erhitzen haltbar zu machen. Sobald sie Hygiene betrieben, sank die Kindersterblichkeit. Die Menschen waren nicht mehr geschwächt von Lebensmittelvergiftungen und Krankheiten, vor allem im Winter. Paul Ehrlich begann mit der Bekämpfung von Seuchen mittels Medikamenten, der Beginn der → Chemotherapie. Doch viele dieser frühen Forscher wurden angegriffen, weil man ihnen nicht glaubte. Paul Ehrlich wurde sogar gerichtlich verfolgt, da er angeblich dem Willen Gottes ins Handwerk pfuschte, weil er Prostituierte gegen → Syphilis behandelte. Pasteur, Ehrlich und Koch waren eindeutig Höhlenaussteiger.

Die Philosophie erlebte zur Zeit der Aufklärung einen Höhenflug – und damit das Hinterfragen vieler Dinge. Das Verlassen der Höhle wurde überall geübt.

Eine regelrechte Explosion in so vielen Bereichen. Ein Meilenstein nach dem anderen. Ein Aha-Erlebnis nach dem anderen. Das Überwinden der Ohnmacht. Faktoren, die den Startschuss gaben für das explosionsartige Wachstum der Menschheit. Das bis jetzt anhält: Wissenswachstum und Bevölkerungswachstum. Und dieses Wachstum beschleunigte sich bis zum Ende des 20. Jahrhunderts. Bis sich der → Club of Rome zu Wort meldete. Dann wurde die Antibabypille erfunden, Geburtenkontrolle und sexuelle Aufklärung wurden in der zweiten Hälfte des 20. Jahrhunderts zur Regel gemacht. Die Folgen des Wachstums für die Vielfalt der Lebewesen auf unserem Planeten, die Klimaveränderung, all dies sind in den letzten Jahren allgegenwärtige Themen geworden. Die Menschen sind sich ihres Zustands bewusst, man kann dem nicht entkommen! Und trotzdem wird in der Politik ständig die Notwendigkeit des (Wirtschafts-)Wachstums gepredigt. Aber verhalten wir uns rational und verantwortungsbewusst? Oder entwickeln wir uns zurück zu reinen Ressourcenkompetitoren? Das exponentielle Wachstum der Weltbevölkerung in den letzten 200 Jahren ist ein Phänomen, das uns heute den Atem verschlägt. Das uns zwingt, zu handeln! Denn ich gehe davon aus, dass wir als Menschen die Verantwortung für unsere Zukunft tragen. Ich würde die Spezies Mensch sogar dahingehend definieren: Unsere kennzeichnende Eigenschaft ist, dass wir erkannt haben, dass es uns gibt und dass wir über unsere Existenz nachdenken. Wir haben auch erkannt, dass unsere Zukunft in unserer Hand liegt. Es hängt von uns ab, ob wir uns selber über den Kopf wachsen, uns und unseren Planeten damit umbringen – oder ob wir ein Szenario entwerfen, das uns und die Erde retten könnte.

Wie kann ein solches Szenario aussehen? Wie kann es weitergehen? Welche Möglichkeiten haben wir? Aus meiner Sicht gibt es sechs mögliche Szenarien:

Erstens: Wir wachsen weiter.

Wir verhalten uns wie Viren. Auch sie gehen durch Phasen, in denen sie sich sehr schnell vermehren und wachsen – also → virulent sind. Dabei bringen sie ihren Wirt um. Wenn der Wirt kaputtgeht, gehen sie mit ihm zugrunde. Allerdings durchlaufen Viren genetisch auch immer weniger virulente Phasen, vermehren sich weniger stark. Sie finden sozusagen eine Balance mit dem Wirt. Der Wirt ist vielleicht krank und nicht mehr so gut drauf – aber er geht nicht zugrunde, sodass die Viren sich noch einigermaßen vermehren können. Derzeit sind wir virulent. Es gibt schon zu viele Menschen. Wir verbrauchen viel mehr Ressourcen, als die Erde aufbringen kann. 2012 war der → Welterschöpfungstag (Earth Overshoot Day) der 22. August, 2013 der 20. August – in 8 Monaten dieses Jahres haben wir das jährliche Naturbudget der Erde aufgebraucht. Davon ausgehend, dass wir jetzt sieben Milliarden Menschen sind und wir fast das Doppelte von dem verbrauchen, was unsere Erde hergeben kann, würde ich sagen: Drei Milliarden Menschen sind genug. Das wäre eine Zahl, bei der wir uns einpendeln könnten. Wobei: Es gibt eine große Gruppe von Menschen, die nur sehr wenig Ressourcen verbrauchen, weil ihnen nicht mehr zur Verfügung steht. Würden wir allen Menschen unseren europäischen Lebensstandard zusprechen, würde die Erde wahrscheinlich kaum eine Milliarde Menschen ertragen.

Unsere westliche → Lebensqualität ist viel zu hoch – sie ist in vielen Regionen der Welt eher eine → Lebensquantität. Wir produzieren zu viel Müll. Nur um Arbeit zu schaffen. Bei uns Konsumenten werden künstlich Bedürfnisse erzeugt, nur um uns dazu zu bringen, etwas zu kaufen, das wir nicht brauchen. Lebensqualität, wie ich sie verstehe, hat nur sehr wenig mit Geld oder materiellem Besitz zu tun. Lebensqualität ist dann gegeben, wenn ein Mensch nicht mehr ständig mit seinem Überleben beschäftigt ist, sondern zu essen, ein Zuhause und ein soziales Umfeld hat, das es ihm erlaubt, sich auch mit anderen Dingen zu befassen als mit dem Überleben – zum Beispiel mit Bildung, Musik, Denken, mit Büchern. Aber aufpassen, zu viel Gemütlichkeit tut uns anscheinend auch nicht gut. Diese Fähigkeit hat noch keine Gelegenheit gehabt, in unserem Verhalten evolutionär zu reifen.

Folgen wir dem Szenario und wachsen wir weiter wie bisher, halten wir an unserem (westlichen) Lebensstil fest, so verhalten wir uns wie virulente Viren und bringen unseren Wirt mit Sicherheit um. Es wäre nur eine Frage der Zeit. Es ginge sehr schnell.

Zweitens: Wir wandern aus.

Das ist vor dem Hintergrund der Geschichte ein relevantes Szenario. Denn bisher war es immer so: Wenn es an einem Ort zu eng wurde, wenn es zu wenig Ressourcen gab und zu viele Menschen, sind sie eben ausgewandert, haben sich an einem neuen Ort eine Nische gesucht und dort weitergelebt. Das ist das Szenario, das bisher stattgefunden hat. Nun ist unser Planet aber mehr als voll. Wir können uns nicht mehr viel auf der Erde ausbreiten.

Bleibt nur, auf einen anderen Planeten auszuweichen. Vielleicht wird es dieses Szenario in der Zukunft einmal geben. Aber es ist eigentlich irrelevant für uns. Es verschiebt das Problem nur nach hinten, es ist eine zeitliche Lösung. Wir würden den neuen Wirt genauso überbevölkern.

Drittens: Wir gehen zurück zur Natur.

Ich stelle oft, den Zuhörern einer Lesung etwa, die Frage nach der Zukunft der Menschheit: »Was wollen Sie?« Die folgende Antwort kommt sehr oft, vor allem von Frauen: »Zurück zur Natur.« Das ist leider nicht machbar. Weil wir, evolutionär gesehen, physiologisch so → unfit geworden sind, dass wir einfach nicht mehr zurückkönnen. Zurück in die Zeit um das Jahr 1000 oder 1 oder noch früher – das funktioniert einfach nicht, ohne dass wieder eine sehr hohe Sterberate eintritt. Und genau das wollen wir ja nicht.

Unsere kulturellen Errungenschaften haben uns einen Selektionsvorteil verschafft, der es uns ermöglicht, nicht mehr unter so starkem → Selektionsdruck zu stehen und von Seuchen oder Kriegen oder anderen Dingen umgebracht zu werden. Dafür machen sie uns weniger fit. Würden wir noch ohne Kleidung überleben? Ohne gekochtes Essen? Kann man einen Menschen im Wald aussetzen?

Vielleicht ist dieses »Zurück zur Natur« nicht wörtlich gemeint, sondern drückt den Wunsch nach einem Leben im Einklang mit der Natur aus. Die Bio-Bewegung geht in genau diese Richtung: dass wir den Planeten nicht umbringen wollen. Dabei haben sich manche auf die Gentechnik und andere Techniken der Lebensmittelherstellung eingeschossen: Die moderne Landwirtschaft sei so unnatürlich. Die Menschen haben dabei wohl vergessen, wie schwer das Leben vor ein paar hundert Jahren noch war. Wie viele Lebensmittelvergiftungen es damals gab, die tödlich waren, während sie heute einfach unter Kontrolle sind. Ganz abgesehen von der Lebensmittelknappheit.

Zurück zur Natur, alle unsere technologischen Errungenschaften aufgeben, das schaffen wir nicht mehr. Ohne Internet. Ohne Strom! Ohne Hilfsmittel essen, heizen, Kinder kriegen – unsere Kultur und unsere technologischen Errungenschaften umgehen eben die Selektionskriterien, die die Natur uns stellt. Sie lassen uns darüber siegen. Aber sie machen uns abhängig. Wir könnten uns bei einer Lebensweise einpendeln, die die Natur achtet und schützt. Aber nicht zur Natur zurückgehen. Das unterscheidet auch den Menschen vom Tier. Wir können nicht zurück auf den Baum. Ein paar wenige würden es vielleicht schaffen, es gibt ja noch Naturvölker. Aber das sind vielleicht ein paar Hunderttausend oder Millionen Menschen. Aber keine Milliarden.

Ich denke: Unsere Kultur wäre schon okay. Wenn wir nur die richtige Dosis für alles finden könnten!

Viertens: Das Leben geht zurück ins Wasser.

Der Mensch stirbt aus – aber nicht das Leben an sich. Dafür müssten die Verhältnisse schon sehr unwirtlich werden, um alles Leben auszulöschen. Es gibt dann vielleicht auf dem Festland kein Leben mehr. Aber das spielt sich ohnehin im Wasser ab. Unser Höhlenblick lässt es uns so erscheinen, als ob es auf dem Land wäre, aber es ist eigentlich gar nicht prädestiniert dafür. Das Leben im Wasser ist sehr stabil, das auf dem Land sehr instabil. Wir Menschen werden da allerdings nichts mehr mitzureden haben.

Fünftens: Wir verlagern unser »Ich« in die digitale Welt.
Stellen Sie sich vor, wir schaffen es, uns von unserem missglück-ten, zum Sterben verdammten biologischen Körper zu lösen, indem wir unser → Bewusstsein, unsere Identität als Software auf eine nicht-biologische Platte übertragen, die sich selbst kontrollieren und vermehren kann. Wir werden zu → Cyborgs, halb Mensch, halb Technik – so viele Ersatzteile im Körper, bis wir ganz anorganisch geworden sind. Das wäre eine Art, unsterblich zu werden. Weil das Bewusstsein, das Ich weiterleben und sich weiterentwickeln könnte. Eine → »In-silico«-Evolution unseres Bewusstseins? Könnte dieser Gedanke das werden, was Menschen unter einer → Weltseele ver-stehen?

Auf eine gewisse Art ist dieses Szenario jetzt schon Realität. In-ternet-Meme sind Ideen, Konzepte, die sich im Internet vermeh-ren. Natürlich sind es Menschen, die dahinterstehen. Aber irgend-wann könnten sich diese Ideen verselbstständigen. Ideen brauchen unseren Körper nicht mehr. Ideen könnten, digital gespeichert, ihre eigene Evolution durchlaufen. Wird das möglich sein? Ma-schinen könnten sich selbst vermehren, wenn sie eine Anleitung hätten, wie man Maschinen baut. Die Hardware, die Speicher wer-den immer kleiner und kleiner. Und es gibt so viele Menschen – wahrscheinlich solche, die in einem scheinbar imperfekten Körper stecken und deshalb von ihren Mitmenschen geächtet werden –, die eine zweite Identität im Internet haben! Es zählen dann nur die Gedanken, die Ideen, und alles wird möglich.

Ein Gedanke, der mich dabei unheimlich fasziniert, ist der: Wie viel ist real, wie viel ist virtuell? Was ist wichtiger? Dass die Dinge wirklich erlebt werden oder dass man sie im Traum, in einer Wunschwelt erlebt? Was macht uns eigentlich → glücklicher? Unsere Erwartungshaltung beeinflusst sehr stark, ob wir glücklich werden oder nicht. Die Einstellung bestimmt, wie es uns eigentlich geht. Nicht die Realität, sondern der Bezug, den wir dazu haben.

Wir erleben ein neues Höhlengleichnis, das der Cyberhöhle. Oder ist die Realität die Höhle?

Sechstens: Wir bremsen uns ein.

Mit neun bis zehn Milliarden Menschen werden wir wahrscheinlich den Gipfel erreicht haben, die Prognosen sind sich ziemlich einig. Es gibt einige Erklärungen dafür, die gängigste ist die: Klärt man Frauen auf, befreit man sie von religiösen Zwängen und überlässt ihnen die Entscheidung, ob und wie viele Kinder sie bekommen möchten, wollen sie weniger Kinder haben. Viele Jahrhunderte lang wurden Frauen ja mehr oder weniger dazu vergewaltigt, viele Kinder zu bekommen. Geburtenkontrolle war tabu und damit nahezu unmöglich. Frauen wurde der Zugang zu Bildung und Wissen verweigert – und damit auch jener zu höherer Lebensqualität.

Seit der Erfindung der Antibabypille (die – meiner persönlichen Sichtweise nach – wichtigste Innovation des 20. Jahrhunderts, da sie die Sexualität von der Reproduktion trennt), der Möglichkeit zur Geburtenkontrolle, der Frauenbewegung, die Ende des 19. Jahrhunderts beginnt, wachen Frauen auf und analysieren den eigenen Zustand. Und kommen zu eben diesem Schluss: dass sie nicht so viele Kinder haben möchten.

Ich habe mir vorgenommen, in diesem Buch konkrete Vorschläge zu machen, wie wir uns verhalten könnten, um die Welt zu retten. Ich denke: Wir können unser Schicksal selbst in die Hand nehmen. Wir sind kein ferngesteuertes Gemüse (siehe Kapitel 8 zum freien Willen). Und hier ist ein solcher Vorschlag: Blicken wir mit Verantwortung in die Zukunft, dann sollten Frauen weltweit im Schnitt nicht mehr als zwei Kinder haben.

Die Einstellung auf eine → Fertilitätsrate von zwei. Ach, wie einfach es doch sein könnte. Wir (Frauen) bremsen unser Wachstum einfach ein. Gehen in eine stabile Phase über, die nicht mehr auf Zunahme ausgerichtet ist.

Und ich denke, die Frauen haben das bereits erkannt. Weltweit nimmt die Fertilitätsrate, also die tatsächliche Anzahl lebender Kinder pro Frau, ab (siehe dazu → Hans Rosling). Und dabei spielt es nicht einmal eine Rolle, ob die Frauen in religiösen, unreligiösen, armen oder reichen Umständen leben. Als ich in den 1960er-Jahren Brasilien verlassen habe, hatten die brasilianischen Frauen im Schnitt fünf bis sechs Kinder. Und heute sind sie – in einem nach wie vor tief katholischen Land! – auf einer Fertilitätsrate von knapp über zwei. Ist es eine kulturelle Sache, dass Frauen durch Bildung und Reichtum die Kinderanzahl reduzieren? Weil es anstrengend ist, zehn Kinder zu gebären, von denen kaum zwei überleben? Zwei Kinder zu haben, sie gesund durchzubringen, das ist ideal. Und das ist es auch, was eine Population stabil hält. Wenn die Fertilitätsrate in Europa etwas weniger als zwei ist, dann ist da auch ausreichend Platz für Migration. Das finde ich eigentlich sehr positiv.

Diese Beobachtung bringt mich zu dem Gedanken, ob diese Verantwortung für die Zukunft überhaupt bei uns liegt. Oder ist unser Verhalten im Prinzip irrelevant, weil wir ferngesteuert handeln? Die sinkende Fertilität wird nicht von »oben« angeordnet, sondern passiert von selbst. Gibt es auch bei uns Menschen ein → Quorum Sensing (siehe Kapitel 4)? Ist die abnehmende Fertilitätsrate etwas Physiologisches, das uns passiert, weil es schon eine gewisse Bevölkerungsdichte gibt? Vielleicht ist es gar nicht so sehr unser eigener Wille, sondern mehr ein Instinkt? Könnte es sein, dass wir ein Gen haben, das, wie ein Sensor, die Bevölkerungsdichte misst und die Kinderanzahl steuert? Ein Gen, das unser Überleben auf der Erde sichert?

Alle sechs Szenarien tragen die Möglichkeit in sich, Wirklichkeit zu werden. Welches Szenario wählen wir?

Das Einbremsen des Bevölkerungswachstums, nehme ich an. Ich glaube daran, dass wir es umsetzen können. Die größte Herausforderung dabei wird sein, die Schere zwischen Arm und Reich zu minimieren. Es wird auf längere Dauer nicht möglich sein, dass ein kleiner Teil der Menschheit das Zehnfache der anderen verbraucht. Denn dann wird die Spannung irgendwann so hoch sein, dass es wieder zu massiven Zerstörungen kommt. Um dann wieder den Aufbau von vorne zu beginnen. Sind wir zu solchen

→ Sisiphuszyklen verdammt? Weil die Evolution das aus uns hervorgebracht hat?

Ich bin mir sicher: Wir können ein Zusammenleben schaffen, bei dem für alle genug da ist. Auch wenn wir diesen evolutionären Schritt noch nicht gemacht haben. Aber dazu müssen die meisten Menschen erkennen, wie die Welt funktioniert.

Wir müssen uns die Folgen unserer Handlungen vergegenwärtigen. Und die Verantwortung für diese Folgen übernehmen.

KAPITEL 3

Die Sättigungskurve

Oder: Die Notwendigkeit des Hungers

»Willst du uns nicht endlich sagen, wieso deine Krautfleckerln immer so gut waren?« – »Weil ich nie genug gemacht hab …«
Friedrich Torberg, Die Tante Jolesch

Zu Beginn dieses Kapitels wird es wissenschaftlich. Ich möchte Ihnen etwas aus meinem Fachgebiet, der → Biochemie und der → Mikrobiologie, erzählen, auf dem viele meiner Betrachtungen zum Thema Wachstum basieren. Wir Forscher und Forscherinnen sind ja regelrecht versessen auf Wachstum. Wir untersuchen fast ausschließlich → Zellen, die wachsen. Wir züchten Zellen und untersuchen ganz genau, was sich in der Zelle tut, wie sich unterschiedliche Gene ein- und ausschalten. Es ist natürlich einfacher, mit klar definierten Wachstumsbedingungen zu arbeiten als mit nicht definierten stationären Zellen, weil man mit diesen nicht so genaue, wiederholbare Messungen machen kann.

Schauen wir uns zuallererst einmal an, wie → Bakterienkulturen wachsen. Wenn wir die → Stoffwechselfunktion in der Zelle untersuchen wollen, züchten wir unter genau definierten Bedingungen Zellen hoch. In Abbildung 2 ist so eine → Wachstumskurve einer Bakterienkultur zu sehen. Wie verwenden eine frische vollwertige Nährlösung und fügen dieser Lösung eine genaue Anzahl an Bakterienzellen hinzu, dann bringen wir das Ganze meistens auf eine Temperatur von 37 °C (je nachdem, welche Temperatur die untersuchten Zellen am liebsten haben) und schütteln es. Dann verfolgen wir, wie die Anzahl der Zellen zunimmt. Zuerst passiert einmal so gut wie gar nichts. Das nennen wir die »lag«-Phase: In dieser Phase wachsen die Bakterien kaum, sondern sie passen sich an die neuen Bedingungen an, sie → adaptieren sich und stellen → Enzyme her, um jene Stoffe, die in der Umgebung vorhanden sind, zu verwerten. Sobald diese Adaptierung fertig ist und sich die Bakterien optimal angepasst haben, wachsen sie mit der maximalen Teilungsrate weiter – wir nennen das die »log«-Phase oder die → exponentielle Phase. Dann folgt die stationäre Phase, in der sich das Wachstum verlangsamt. Das kommt daher, dass die Nährstoffe weniger werden, und weil die Bakterien Stoffwechselprodukte ausscheiden, die giftig sein können und ein weiteres Wachstum verhindern. Zu dieser Zeit sind Absterben und Wachstum in einem Gleichgewicht. Dann folgt eine Sterbephase, in der mehr Zellen absterben, als neue erzeugt werden. Meistens ist die Konzentration der → toxischen Stoffwechselprodukte auch schon zu hoch.

Vergleichen Sie die Kurve des Bakterienwachstums mit der Menschenwachstumskurve und Sie werden einige Ähnlichkeiten finden! Spannend ist, dass wir Wissenschaftler uns sehr wenig mit der stationären Phase und noch weniger mit der Absterbephase beschäftigen.

Als Nächstes möchte ich Ihnen von einer grundlegenden Eigenschaft von → Molekülen erzählen: Sie wechselwirken miteinander. Es ist klar, dass ein Stoff, der mit keinem anderen in Verbindung tritt, seine Existenz nicht preisgeben kann. Er ist nicht sichtbar. Man muss sich sogar fragen: Existiert er überhaupt? Um ihre Existenz unter Beweis zu stellen, müssen zwei Dinge miteinander wechselwirken, nur dann können sie von der Existenz des jeweils anderen wissen.

Wollen wir in der Biochemie einen Prozess in der Zelle verstehen, öffnen wir die Zellen aus einer frisch gewachsenen Kultur

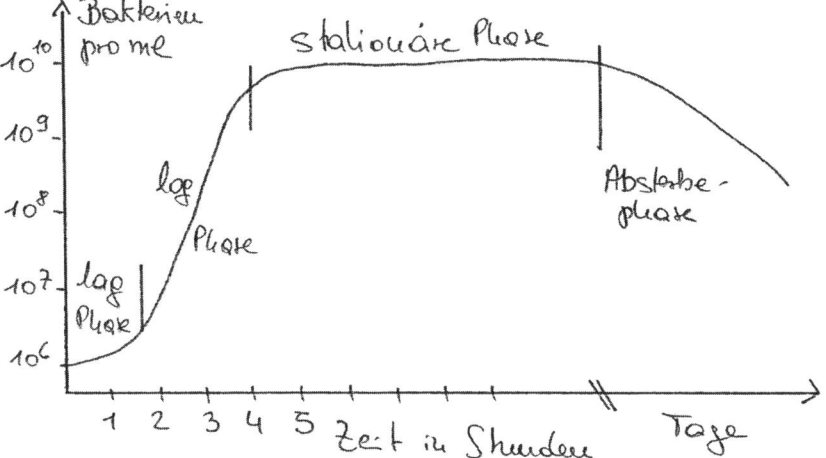

ABBILDUNG 2:

Die Bakterienwachstumskurve

Auf der Y-Achse tragen wir die Konzentration der Zellen auf (Millionen Zellen pro Milliliter) und auf der X-Achse die Zeit. So können wir sehen, wie schnell eine Population wächst.

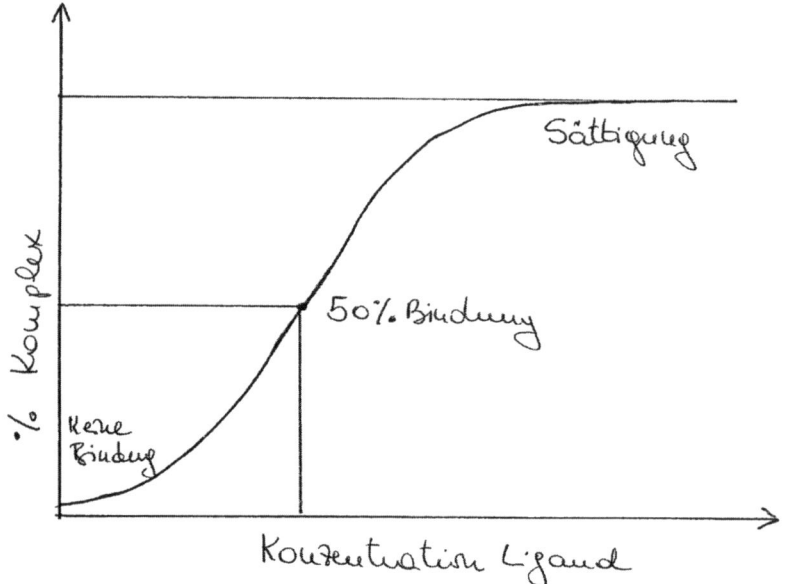

Graph labels:
% Komplex (Y-Achse)
Sättigung
50% Bindung
Keine Bindung
Konzentration Ligand (X-Achse)

ABBILDUNG 3:
Sättigungskurve
Auf der Y-Achse tragen wir die Konzentration des Komplexes ein, die Menge AB. Wir können auch ganz viele andere Dinge hier auftragen: Wenn zum Beispiel A ein Enzym ist und B ein Substrat, dann messen wir, wie schnell das Enzym das Substrat umsetzt. Auf der X-Achse tragen wir jetzt die Konzentration des Stoffes B auf. Die Menge A bleibt während des Experiments konstant.

(natürlich unter genau vorgegebenen Bedingungen) und entnehmen ihr die Komponenten, die wir untersuchen wollen. Diese isolieren wir, bis sie chemisch rein sind. Nun haben wir unser zu untersuchendes Molekül, ein → Protein oder ein kleines Molekül wie zum Beispiel ein → Hormon oder ein anderes Genprodukt, und möchten eines wissen: Womit wechselwirkt es? Mit wem gibt es sich ab, mit wem nicht? Ganz nach dem Motto:»Sag mir, wer deine Freunde sind, und ich sage dir, wer du bist.« Die Wechselwirkungspartner sagen uns am meisten darüber, womit wir es zu tun haben. Dabei bekommen wir starke Hinweise, welche Aufgaben dieses Molekül in der Zelle hat.

Wir nennen unser Molekül jetzt einfach »A«, und wir suchen nach jenen Molekülen, mit denen A eine Verbindung eingeht. Und diese nennen wir einfach »B«. A und B wechselwirken miteinander und bilden einen Komplex, dem wir den Namen »AB« geben. Ganz willkürlich. Wenn wir nicht wissen, was diese Moleküle machen, können wir ihnen noch keinen Namen geben. Wir kennen ihre Identität ja noch nicht. Benennen kann man nur etwas, das man einigermaßen gut kennt. Solange wir zu wenig wissen über ein Molekül, bekommt es eine Nummer, oder wir nennen es zuerst einmal → »Faktor«, so wie → Mendel seine Gene zuerst auch nur als Faktor bezeichnet hat.

A + B → A B

Wir haben diese Moleküle gefunden, wir wissen, dass sie miteinander wechselwirken, wir haben sie gereinigt und wollen jetzt wissen, wie stark sie miteinander wechselwirken, wie schnell sie eine Verbindung eingehen, wie schnell sie sich sozusagen finden, wie lange sie als Komplex gebunden bleiben oder wie schnell sie wieder auseinandergehen, also dissoziieren. Das sind alles wichtige Hinweise auf die Bewegungen und die Dynamik, die sich in der Zelle abspielen.

Um jetzt herauszufinden, wie gut zwei Moleküle miteinander wechselwirken, machen wir → Bindungsexperimente. Wir untersuchen, wie A und B sich aneinander binden. Um diese

Wechselwirkung abzubilden, nutzen wir Bindungskurven oder
→ Dosis-Wirkungs-Kurven (siehe Abbildung 3). Die Kurve zeigt, wie sich zwischen den zwei Stoffen (A und B) ein Komplex (AB) bildet. Die Menge des Stoffes A im Experiment bleibt konstant und ist sichtbar, weil wir A markiert haben, sodass wir es auf unserer Matrix verfolgen können. Dann wird immer mehr B hinzugefügt, und B ist nicht sichtbar. Der Komplex AB ist sichtbar, weil A sichtbar ist und der Komplex eine andere Beweglichkeit auf unserer Matrix hat als A und B alleine.

Eigentlich wäre eine linear ansteigende Linie zu erwarten, eine sich gleichmäßig bildende Menge AB. Doch eine Zeit lang passiert gar nichts. A und B sind im Medium verteilt, sie finden sich nicht. Es bildet sich kein Komplex, weil A und B bei der geringen Konzentration nicht wechselwirken oder ihre kurzen Begegnungen nicht zum Erfolg führen. Dann, plötzlich, steigt die Kurve an, A und B scheinen sich endlich gefunden zu haben, es bildet sich rasant AB, die Menge steigt steil an. Bis, ebenso plötzlich, die Kurve wieder abflacht. Das heißt: Sättigung. Alle Moleküle A sind gebunden. Es würde in dieser Phase nichts nützen, mehr B hinzuzufügen, denn es passiert dann keine Änderung mehr – weil kein A mehr frei ist, alle Bindungsstellen besetzt sind. Der Stoff ist → gesättigt. Er ist voll.

B könnte ein Medikament sein, ein Schlafmittel, ein Antibiotikum oder ein Duft. Nimmt man zu wenig davon, hat es überhaupt keine Wirkung. Dann beginnt es auf einmal zu wirken, immer besser. Und irgendwann ist es zu viel – es tritt entweder keine Besserung mehr ein oder eine negative Wirkung. Der Stoff beginnt, sich an andere Moleküle zu binden, und es kommt zu Nebenwirkungen, die man vielleicht nicht beabsichtigt. Er kann sogar sehr giftig und schädlich werden.

Dabei ist es ganz schwierig zu sagen, wo im Verlauf der Kurve ein optimaler Zustand, wo eine optimale Menge von gebundenen und nicht gebundenen Molekülen zu finden ist – meistens definiert man diese optimale Menge bei 50 %, also in der Mitte des steilen Anstieges, in etwa dort, wo eine Hälfte gebunden und eine Hälfte nicht gebunden ist.

Es gibt viele Fragen, die wir mit Bindungskurven beantworten: Kann A überhaupt mit B? Wie genau wirken sie miteinander? Braucht es sehr viel von beiden Stoffen? Sehr wenig? Sind sie sehr spezifisch, kann also A mit B, aber nicht mit C? Wenn die Stoffe nicht sehr spezifisch sind und noch andere Stoffe dabei sind (was ja in der Zelle immer der Fall ist), muss sehr viel Signal gesendet werden, um eine Reaktion zu bekommen. Denn A tendiert dazu, auch mit anderen Stoffen zu wechselwirken. Dann wollen wir wissen, wie lange der Komplex AB stabil ist: Zerfällt er gleich wieder oder sind A und B so affin zueinander, dass sie kaum mehr auseinandergehen?

Die Sättigungskurve zeigt aber noch mehr. Wenn einmal der Bereich der Sättigung erreicht ist, dann tut sich nicht mehr viel. Genug ist genug. Für mich ist die Sättigungskurve ein Modell, das vieles von dem, was ich in unserer Gesellschaft beobachte, widerspiegelt. Denn in vielen Aspekten unserer materiellen Überflussgesellschaft haben wir längst die Sättigung erreicht. Das betrifft ganz unterschiedliche Bereiche:

Ernährung. Spielsachen in den Kinderzimmern. Kleider in den Garderoben. Lärm. Bewegte Bilder. Information.

Lehrer unterrichten Schüler, die nichts mehr aufnehmen können, deren Aufmerksamkeitsspanne vielleicht zehn Minuten lang ist, weil sie daran gewöhnt sind, nach kurzer Zeit der Aufmerksamkeit bereits befriedigt zu sein.

Werbung versucht die Aufmerksamkeit auf überflüssige Produkte zu lenken, wendet ungeheure Kraft auf, um die Konsumenten auf immer neue Dinge hungrig zu machen.

Unsere Gehirne, Augen und Ohren, unsere Sinne sind satt, gesättigt, übersättigt.

Dieser Punkt ist sehr wichtig für mich: zu hinterfragen, wo wir uns als Gesellschaft in den einzelnen Aspekten in der Sättigungskurve befinden. Sind wir bereits ganz oben, im gesättigten Bereich?

Dann haben alle Handlungen nur sehr wenig Wirkung. Sind wir noch ganz unten, am Anfang der Kurve? Auch hier haben Handlungen wenig Wirkung. Weil wir unser Ziel nicht finden. Wir sollten uns in einem Bereich befinden, wo jede Aktion etwas bewirkt und nicht ins Leere läuft oder auf totale Sättigung trifft. Natürlich ist es sehr bequem und fein, sich ganz entspannt im unteren Bereich aufzuhalten. Da kann ich mich ein bisschen umschauen, ohne viel anstellen zu können. Wir kennen das Gefühl der Sättigung und haben es zur Genüge selbst erfahren. Bei Nahrungsmitteln ist es am offensichtlichsten: Wie herrlich schmeckt der erste Schluck Wein! Vielleicht noch der zweite, dann wird es fad. Und irgendwann ist es einfach genug. Es schmeckt nicht mehr, es ist zu viel, wir sind satt.

Was mich in Bezug auf Ernährung wirklich nervt und was ich sofort ändern würde, wäre ich Gesundheitsministerin, ist der Einsatz von → Geschmacksverstärkern. Damit wir möglichst viel essen, verwenden etliche Firmen der Nahrungsmittelindustrie Geschmacksverstärker, die das Sättigungsgefühl inhibieren, es lähmen. Wenn unser Gehirn das Signal »Es ist genug!« nicht mehr sendet, dann essen wir viel mehr als notwendig. Das ist wirklich der absolute Blödsinn. Die eine Hälfte der Menschheit hungert, hat nicht genug, die andere Hälfte frisst sich zu Tode.

Machen Sie einen Selbstversuch: Essen Sie reines Joghurt. Bald haben Sie genug davon und hören auf. Geben Sie Zucker ins Joghurt, oder sonst etwas mit Geschmack, »rutscht« es wesentlich besser und Sie können viel mehr davon essen. Oder probieren Sie es mit Pommes frites: Essen Sie sie pur – es wird bald genug sein. Geben Sie Salz oder womöglich noch Ketchup oder sonst eine Sauce darüber, die süß, sauer und salzig zugleich ist, dann können Sie gar nicht mehr aufhören. Sie essen und essen, empfinden aber kein Sättigungsgefühl!

Nach diesem Prinzip funktionieren Geschmacksverstärker. Besonders für Kinder ist der Einsatz solcher Zusatzstoffe schädlich. Schon von Anfang an werden sie daran gewöhnt, dass ihr

Essen Farbstoff und Zucker enthält, damit sie nur möglichst viel essen. Dieses Fütterungsbedürfnis ist eigentlich pervers. Wie viel pumpt man in ein Kind hinein, nur damit es dick wird und sich dann nicht mehr bewegen kann! Das ist kontraproduktiv. Wo ist der Bereich, in dem das Essen, das ein Kind zu sich nimmt, gut verwendet wird? Nämlich um zu wachsen und nicht nur, damit die aufgenommene Nahrung mit Verdauungsschwierigkeiten wieder ausgeschieden wird. Oder um mit Essen belohnt und beruhigt zu werden!

Mir fällt dazu das → »Tante Jolesch«-Prinzip ein. Im Roman von → Friedrich Torberg gehen die Kinder immer zu ihrer Tante essen, und dort schmeckt es so unglaublich gut! Als die Tante schon am Sterbebett liegt, fassen sich die Kinder ein Herz, denn sie wollen das Geheimnis ihrer Kochkunst erfahren:»Warum waren deine Krautfleckerl immer so gut?« Und die Tante Jolesch sagt:»Weil ich nie genug gemacht hab.« Weil man vom Tisch wieder aufgestanden ist und immer noch ein wenig hungrig war.

Hungrig bleiben!

Mit dem → Hunger zurechtkommen. Intuitiv haben die Menschen das immer als gut und wichtig erkannt. Sie haben gemerkt, dass die → Trägheit sonst zu groß wird. Satt sein ist schlecht. In der Sättigungsphase geht sehr viel Energie verloren. Man muss unheimlich viel hineinpumpen, um einen Effekt zu erzielen. Das ist teuer. Verschwendung. Wirkungslos. Gar schädlich.

Ja, hungrig bleiben! Das ist die Devise. Aber kann man das eigentlich selbst steuern?

Fasten, das haben schon viele Leute erkannt, ist gesund für den Organismus. Es ist wichtig und gut, dass der Körper und auch der Geist Ruhephasen haben. Die Religionen haben das eigentlich sehr gut erkannt (es ist ja nicht alles schlecht an den Religionen!). Man ist ausgeglichener, zufriedener, in einem angeregten Zustand. Es findet auch eine Reinigung vieler → Rezeptoren statt. Geruch etwa nimmt man nach einer gewissen Zeit nicht mehr wahr, es gibt einfach eine begrenzte Anzahl an Rezeptoren in der Nase. Wenn jeder

Rezeptor »voll« ist, an jeder freien Stelle etwas gebunden hat, kann kein weiteres Signal aufgenommen werden, auch wenn der Geruch noch da ist.

Wir sind eigentlich satt. Wir können die Signale nicht mehr aufnehmen.

Doch leider funktioniert unsere Gesellschaft so, dass künstliche Bedürfnisse erschaffen werden, um noch mehr hineinpumpen zu können. Damit die ganze Maschinerie weiterwächst. Es werden – durch exzessive Werbung – Bedürfnisse geweckt für Dinge, die kein Mensch tatsächlich braucht. Es entsteht ein künstliches Verlangen. Das dann auch sofort befriedigt wird.

In diesem Zusammenhang fällt mir ein Phänomen aus der Wissenschaft ein. Dieses ist witzig zu beobachten, weil wir Menschen genau so funktionieren: Bei der → Allosterie – für deren Entdeckung es sogar den Nobelpreis gab (→ Max Perutz, 1962 Nobelpreis für Chemie) – geht es darum, wie der Sauerstoff (O_2) von unseren roten Blutkörperchen, dem → Hämoglobin, gebunden wird. Vier Moleküle Hämoglobin verbinden sich zu einer Gruppe, einem Komplex, einer Peer-Gruppe. Ist wenig Sauerstoff im Blut, wird er gar nicht gebunden. Keiner kümmert sich um das O_2. Sobald aber eines der Hämoglobin-Moleküle einen Sauerstoff bindet, werden die anderen drei viel affiner dafür. Sie wollen auch ein Sauerstoffmolekül haben! Sie sehen es bei ihrem Nachbarn und entwickeln sofort ein Bedürfnis dafür, kriegen auch Lust auf ein Sauerstoffmolekül. Solange sie es aber bei keinem anderen sehen, kämen sie gar nicht auf die Idee.

Bedürfnis geweckt, Bedürfnis befriedigt. Nächstes Bedürfnis gesucht. Und schnell befinden wir uns im oberen Bereich der Sättigungskurve. Genau dort, wo Stagnation eintritt, wo es unheimlichen Input braucht, um einen kleinen Effekt zu erzielen. Ein Mechanismus, der immer wieder abläuft, diese sofortige Befriedigung von Bedürfnissen, der Sinne, der Lust – eigentlich ein echter Liebestöter.

Am Ende wollen wir nur noch eines: Wir wollen weg von der Sättigung.

Im letzten Kapitel (Kapitel 2) haben wir uns mit dem Wachstum der Menschheit beschäftigt. Und machen nun eine sehr wichtige, faszinierende Feststellung:

Die Sättigungskurve folgt einem ähnlichen Verlauf wie die Menschenwachstumskurve.

Anstelle der Bakterien tragen wir auf den Achsen des Koordinatensystems die Anzahl der Menschen (Y-Achse) und die Jahre (X-Achse) auf. Und erkennen: Es gab eine sehr lange Phase, in der es kein Wachstum gab – so wie es eine sehr lange Phase gibt, in der Bakterien nicht wachsen oder der Stoff A nichts von Stoff B wissen will und umgekehrt. Dann, plötzlich, schoss die Anzahl der Menschen auf dem Planeten in die Höhe – wie die Menge der Bakterien oder des Komplexes AB, als die beiden Stoffe sich endlich fanden.

Wir befinden uns im Moment irgendwo im steilsten Teil der Kurve, wissen aber nicht genau, wie lange es noch bergauf gehen wird. Gehen wir bereits in die gesättigte, die stationäre Phase über? Ja, das Wachstum verlangsamt sich bereits!

Ich denke, wir müssen erkennen, dass das Wachstum – und vor allem das Wirtschaftswachstum – gesättigt ist. Die Wirtschaft kann nicht immer und ewig wachsen! Genau das ist es aber, was Politik und Wirtschaft signalisieren: Alles muss wachsen. Ein Prozent Wirtschaftswachstum im Jahr! 0,5 %, das ist zu wenig! Huch! → Rezession, ganz schlimm! Dabei ist in der Sättigungsphase die Rezession gut! Denn dann kommt man wieder in den Bereich, wo sich etwas bewegen kann.

Wir fürchten uns davor, in eine Sättigung einzutreten, bei der es nicht mehr darum geht, schnell zu wachsen.

Wir Wissenschaftler denken da nicht anders: Die stationäre Phase wird in der Wissenschaft als → Stress bezeichnet. Wenn wir Messungen durchführen, dann immer in der Wachstumsphase, selten in der stationären Phase. Dabei sollten wir das jetzt wirklich tun und genauer untersuchen, was sich in dieser stationären Phase tut. Es ist auffällig, dass die Forschung nun auch tatsächlich beginnt, sich intensiver mit diesen Phasen zu beschäftigen. Auch wir Wissenschaftler sind auf Wachstum fixiert. Wir sehen die exponentielle Phase als Normalzustand. Und das Stationäre als »Stress«. Aber vielleicht ist es dem gar nicht so. Vielleicht ist es sogar umgekehrt, und Wachstum ist Stress.

Denn Wachstum ist doch die Ausnahme.

Beobachtet man Dinge, befinden sie sich doch die meiste Zeit in einer Ruhephase. Meistens tut sich nichts. Auch wir Menschen wachsen nur einen sehr kleinen Teil unseres Lebens, dann nicht mehr. Dann werden wir fett oder krank, aber es gib kein Wachstum mehr. Auch Bakterien und Viren wachsen die meiste Zeit über nicht. Sie haben kurze Zeiten, in denen sie explosionsartig wachsen. Und dann ist Ruhe.

Wie können wir unsere Sichtweise – die so sehr auf das Wachstum fokussiert ist – ändern? Wie kommen wir davon weg?

Wir sollten den Zustand der Sättigung nicht bewerten, sondern neutral, wertfrei in den Raum stellen. Er ist weder gut noch schlecht. Es ist einfach so. Es gibt stationäre Phasen. In diesen wächst man eben nicht. Na und? Damit müssen wir uns anfreunden. Unser Wirtschaftswachstum, das Wachstum der Weltbevölkerung: Wir können uns in der »log«-Phase, im steilen Abschnitt unserer Wachstumskurve, nicht lange aufhalten, dort nehmen wir einfach viel zu schnell zu.

Wir müssen uns etwas von den Bakterien abschauen und uns in einer stationären Phase einpendeln – und dann wieder weniger werden. Aber bitte nicht durch Krieg und Zerstörung, sondern durch Einsicht, dass wir uns einbremsen müssen! Wir brauchen ein neues Ziel, einen neuen Fokus. Denn Wachstum kann es nicht mehr sein.

Nun sind wir Menschen aber evolutionär so selektiert, dass Gier und Hunger uns immer schon zu Taten angetrieben haben. Wir funktionieren gut, wenn wir Bedürfnisse haben und sie befriedigen wollen.

Wir sind Mangelwesen!

Das hat → Jean-Paul Sartre bereits sehr treffend formuliert: Menschen sind permanent bedürftig und in einer Mangelsituation. Sie wollen Essen, Kleidung, Anerkennung, Bewunderung. Dieser Mangelzustand ist natürlich eine Quelle der Handlung auf der Suche nach Befriedigung. Aber diese Befriedigung sollten wir nie erreichen, denn dann käme der evolutionäre Stillstand. Das ist nun wirklich ein Dilemma! Diesem werden wir im Laufe dieses Buches noch ein paar Mal begegnen.

Daraus schließe ich: Wir müssen lernen, hungrig zu bleiben.

KAPITEL 4

Quorum Sensing
Oder: Das kontrollierte Wachstum

Beim derzeitigen Bevölkerungswachstum ist absehbar, dass wir bald zwei Erden brauchen. Wir haben allerdings nur eine.

→ Barbara Kux

Wachstum. Es bleibt der Mittelpunkt meiner Betrachtungen. In den vorangegangenen Kapiteln haben wir gesehen, dass über zwei Jahrtausende hinweg die Anzahl der Menschen auf der Erde kaum zugenommen hat – und das, obwohl die Frauen in diesem Zeitraum sehr viele Kinder bekamen, es keine Verhütungsmethoden gab und auch die Bildung der Frauen praktisch inexistent war. Mangelnde Hygiene, Seuchen, Hunger, hohe Kindersterblichkeit: Die Menschheit ist einfach nicht gewachsen. Obwohl sie sich angestrengt hat und wachsen wollte. Und dann, plötzlich, ist die Kurve stark angestiegen und fand sich in einer exponentiellen Phase wieder, erfuhr also eine Verdopplung in relativ kurzer Zeit. Zwei Jahrhunderte dauert diese exponentielle Phase nun bereits an.

Heute stehen wir bei sieben Milliarden Menschen. Und immer noch bei der Frage: Wie geht es weiter? Die Weltbevölkerung nimmt zwar immer noch zu. Doch das Wachstum ist nicht mehr so rasant wie noch vor einigen Jahrzehnten. Es bremst sich ein.

Wobei auch ganz klar ist: Es muss sich einbremsen. Es geht nicht anders.

Warum bremst es sich ein?

Ein wichtiger Faktor für die Annäherung an diese schwierige (eigentlich nicht zu beantwortende!) Frage nach dem weiteren Wachstum und damit nach unserer Zukunft ist die Fertilität. Die Fertilität bezeichnet die Anzahl der lebend geborenen Kinder pro Frau, also die tatsächlich geborenen Kinder. Nicht die Anzahl der möglichen Kinder (das würden wir als → Fruchtbarkeit bezeichnen). Sie ist also kein medizinischer Indikator, wie viele Kinder eine Frau kriegen könnte, sondern wie viele tatsächlich geboren werden.

Werfen wir einen Blick in die Vergangenheit – also darauf, wie sich die Fertilität weltweit in den letzten Jahren entwickelt hat. Wir hören doch immer, dass die Frauen früher viel zu viele Kinder bekommen haben. Und auf der anderen Seite, dass die Frauen heute, in unseren hoch entwickelten Staaten, viel zu wenige Babys bekommen. Wie etwa in Singapur, wo die Fertilitätsrate 2010 bei 1,1 Kindern pro Frau lag (2012 sogar nur noch bei 0,78!) – also zu wenig, um eine Population stabil zu halten. Denn dafür bräuchte es eine Rate von etwa 2,1. Bei 2,0 würde die Bevölkerung ganz leicht abnehmen, etwas darüber wäre sie stabil.

Nun war die Tendenz in den letzten Jahrzehnten offensichtlich, dass die Fertilität abgenommen hat – und das aber eben nicht nur in den Industriestaaten. Frauen haben weniger Kinder bekommen. Das Wachstum hat sich dadurch etwas verlangsamt. Immer noch Wachstum, aber eben nicht mehr ganz so rasant. Die UNO geht sogar davon aus, dass ab dem Jahr 2050 mit einem Rückgang der Bevölkerung zu rechnen ist. Was daran besonders bemerkenswert und spannend ist: dass die Fertilität auf der ganzen Welt gleichmäßig abgenommen hat. In allen Ländern. Egal, ob das Land religiös, unreligiös, reich oder arm, eine Demokratie oder Diktatur ist.

In diesem Zusammenhang bin ich auf einen genialen schwedischen Professor für Medizin mit einer Leidenschaft für Statistik gestoßen: Hans Rosling. Er hat die Entwicklung der Fertilität weltweit erfasst und faszinierende Darstellungen dazu entwickelt. »Religion and Babies« nennt er einen Vortrag, in dem er präsentiert, wie er die Fertilitätsdaten der meisten Länder der Welt von 1960 bis 2010 analysiert hat. Er kommt dabei zu genau diesem erstaunlichen Ergebnis: dass die Anzahl der Kinder pro Frau und deren Dynamik unabhängig von der Religion ist. Das ist überraschend und widerlegt ein gängiges Vorurteil, denn bisher hieß es doch immer: Je religiöser eine Bevölkerung ist, desto mehr Kinder bekommen die Frauen. Warum also sinkt die Fertilität auch in diesen Gesellschaften? Kommen sie zur Einsicht, dass es so nicht weitergehen kann? Ist die Religion überhaupt ein Einflussfaktor für die Fertilität?

Rosling teilt die Länder in grob zusammengefasste Gruppen von Religionen ein. Fernöstliche Religionen, Islam (der Gürtel vom Atlantik bis zum Indischen Ozean) und Christentum (Europa, Afrika, Amerika). Außerdem bezieht er das durchschnittliche Einkommen jedes Landes mit ein, denn Armut ist einer der Faktoren, die die Anzahl der Kinder pro Frau bestimmen. Neben Armut sind es der fehlende Zugang der Frauen zu Familienplanung und Bildung und die fehlende Integration der Frauen in die Arbeitswelt, die die Fertilität in die Höhe schnellen lassen. Roslings Aufzeichnungen starten im Jahr 1960 mit einer Weltbevölkerung von drei Milliarden Menschen und durchschnittlich zwischen sechs und acht Kindern pro Frau. Er verfolgt dann Jahr für Jahr Fertilität, Religion und Einkommen in allen Ländern. Bis ins Jahr 2010. Also während 50 Jahren, während zwei Generationen. Das sagt schon etwas aus. Und er stellt fest, dass in allen Ländern die Fertilität in fast gleichem Tempo abnimmt. Hans Rosling vergleicht verschiedene Länder paarweise miteinander, etwa Bangladesch und Katar, eines sehr arm, eines sehr reich: In beiden Ländern hat die Fertilitätsrate in diesem Zeitraum eine Entwicklung von sieben Kindern pro Frau auf zwei gemacht.

Im Jahr 2010 stehen 80 Prozent aller Länder der Welt auf etwa zwei Kindern pro Frau, dazu gehören nicht nur Europa und die USA, sondern auch Indien, Bangladesch, Bhutan oder Vietnam. Und in den restlichen 20 Prozent der Länder, dort, wo die Fertilitätsrate noch sehr hoch ist – wie etwa in Afghanistan mit 5,1 –, zeichnet sich eine Entwicklung in dieselbe Richtung ab: nach unten. Diese Länder werden einfach noch ein paar Jahre brauchen, bis sie bei einer Fertilitätsrate von zwei Kindern pro Frau angekommen sind.

Ich denke, die Fertilität wird sich in allen Ländern auf zwei Kinder pro Frau einpendeln.

Das könnte die Welt retten.

Wenn! Wenn wir es schaffen, uns um die relevanten Dinge zu kümmern: darum, dass Menschen nicht in der Armut verloren gehen. Wir dürfen keine Kinderarbeit mehr zulassen, müssen Frauen in den Arbeitsprozess integrieren und ihnen Zugang zu Geburtenkontrolle gewähren. Wenn es überhaupt keine Geburtenkontrolle gibt, wird eine Frau im Schnitt zehn bis zwölf Kinder bekommen. So ist es in sehr religiösen Populationen, wie bei den → Amish oder den → Hutterern, deren Frauen im Schnitt neun Kinder haben. Das sind aber nur Randgruppen, und viele ihrer Kinder verlassen die Gruppe. Auch wenn der katholische Papst gegen Verhütung wettert: Wir müssen die Frauen so stark machen, dass sie sich von solchen Aussagen nicht irreführen lassen. Sie müssen nicht – im Namen des Glaubens – unendlich viele Kinder gebären, unendlich viele neue Gläubige produzieren. Es ist ja ohnehin nicht gesagt, dass die vielen Kinder den Glauben später annehmen.

Es scheint, als würden die Frauen weltweit zu dieser Stärke kommen. Denn die Fertilität nimmt überall gleichmäßig ab. Ist diese Abnahme eine kulturelle Entscheidung? Wollen Frauen aus eigenem Antrieb weniger Kinder? Oder ist es genetisch bedingt? Ist es umweltkontrolliert?

Sind wir gesteuert?

Ich frage mich, ob es wirklich der freie Wille der Menschen ist, dass sie überall weniger Kinder gebären. Könnte es nicht auch möglich sein, dass wir einem Prozess untergeordnet sind, der die Dichte unserer Population kontrolliert?

Intuitiv wird jetzt jeder hoffen, dass es eine kulturelle Sache ist. Dass es unser freier Wille (siehe Kapitel 8) ist, dass wir weniger Kinder bekommen. Mag sein. Ich weiß es nicht! Wir können kein Experiment dazu durchführen. Die Ursache dieser Abnahme können wir nur schätzen, analysieren und → Korrelationen feststellen. Aber ein wissenschaftliches Experiment dazu wird es nicht geben.

Ich komme aus einem bestimmten Grund darauf, dass es vielleicht nicht unser freier Wille ist, der uns lenkt. Wieder einmal sind es die Biochemie und die Mikrobiologie, die mich auf eine Idee gebracht haben.

Quorum Sensing.

In der Welt der Bakterien gibt es diesen Prozess, den wir »Quorum Sensing« nennen. Wörtlich übersetzt bedeutet dieser lateinisch-englische Begriff: Man spürt das Quorum. Das »Quorum« stammt aus der Zeit des antiken Römischen Reiches und bezeichnet eine beschlussfähige Menge – den Moment, wenn genug Leute im Raum sind, um abzustimmen. Es ist heute noch in der Politik gebräuchlich und wurde von der Genetik übernommen. Dort bezeichnet es den Moment, wenn Bakterien feststellen, dass sie genug sind: Einzeller, Bakterien, können nämlich ihre Populationsdichte chemisch messen und kontrollieren.

Es gibt chemisch kontrolliertes Wachstum bei Bakterien.

Ich finde das unglaublich faszinierend.

Die Biochemikerin → Bonnie Bassler hat das Phänomen des Quorum Sensing untersucht. Im Prinzip funktioniert es so: Die Zellen scheiden kleine chemische Moleküle aus, → Autoinduktoren genannt, wie das → Homoserinlacton. Durch Rezeptoren, welche diese Autoinduktoren spezifisch erkennen, können die Zellen nun messen, wie hoch die Konzentration dieser Chemikalie im Medium ist. Ist die Konzentration der Zellen gering, gibt es wenig von diesem Autoinduktor. Wächst die Population und wird sie immer dichter, wird auch die Konzentration dieses Stoffes im Medium höher.

Die Zellen wissen also ziemlich genau, ob sie genug sind, um bestimmte Aufgaben durchzuführen. Wenn die Konzentration des

Autoinduktors hoch genug ist, bewirkt er innerhalb der gleichen Art, dass die Zellen oft aufhören zu wachsen, dafür aber umschalten, aufleuchten, Antibiotika produzieren oder sonstige Prozesse starten, für die eben Teamarbeit nötig ist, welche die einzelne Zelle nicht durchführen könnte.

Und: Die Zelle ändert ihr Wachstum!

Dieses Phänomen ist auch bei der → Biolumiszenz zu beobachten. Es gibt Fische, die leuchtende Organe haben. Dieses Leuchten entsteht durch Bakterien, die in ihren Organen leben. Und leuchten. Ja, Licht erzeugen! Aber sie leuchten nur dort! Schwimmen die Bakterien irgendwo anders herum, leuchten sie nicht. Erst wenn sie in einem Organ sind und zu einer bestimmten höheren Dichte zusammengewachsen sind, scheiden sie ein Signal aus. Dieses Signal wirkt zurück auf die Zelle und aktiviert ein Gen, um einen Leuchtstoff herzustellen. Die Population braucht eine bestimmte Konzentration, eine bestimmte Dichte – erst dann beginnen die Bakterien zu leuchten. Die Population weiß, wie dicht sie ist. Und sie reagiert darauf.

In der Bakterienwelt gibt es also einen Mechanismus, der rein chemisch ist. Zellen kommunizieren durch Chemie miteinander. Im Medium des Stoffes gibt es eine Nachricht für die Zellen, die Information, wie sie sich zu verhalten haben. Chemische Kommunikation!

Und natürlich ist dann meine Frage: Gibt es so etwas auch beim Menschen? Können unsere Zellen das auch?

Natürlich können auch unsere Zellen chemisch miteinander kommunizieren. Diese chemische Kommunikation wird ebenfalls durch kleine chemische Moleküle, Hormone (kennt ja jeder), bewerkstelligt und kann dazu führen, dass Zellen wachsen oder eben nicht wachsen. Dieser Mechanismus der Zellsignale ist dafür verantwortlich, dass Organe eine bestimme Form bekommen und dass sie nicht zu stark wachsen. Fehler in dieser chemischen Zellkommunikation können zu sehr vielen Krankheiten führen, zum Beispiel Krebs oder Störungen des Immunsystems.

→ Stammzellen reagieren auch auf ihre Umwelt. Sie haben zwei mögliche Schicksale: Sie können sich entweder immer weiter selbst vermehren. Sie sind praktisch unsterblich. → Proliferation heißt das, und das bedeutet, dass die Tochterzelle genau wie die Mutterzelle ist. Das ist eine ganz typische Eigenschaft von Stammzellen. Aber: Sie können sich auch differenzieren. Bei der Zellteilung kommt es zur Differenzierung und die Stammzellen vermehren sich nicht mehr identisch. Sondern sie entwickeln sich zu anderen Zellen und hören dann meistens auf zu wachsen. Weil sie dann bald enddifferenziert sind. Wir wissen immer noch nicht, was genau der Auslöser, das Signal ist, das die Stammzelle umschalten lässt. Aber die Umgebung spielt hier eine sehr wichtige Rolle. Man spricht von der Nischentheorie, weil es eben nicht die Stammzelle selbst ist, die das bestimmt, sondern ihre Umgebung. Die Signale sind unbekannt. Danach wird in der Forschung eifrig gesucht! Und wer sie findet, wird sicherlich den Nobelpreis bekommen!

Aber gibt es auch ein »Quorum Sensing« für die menschliche Bevölkerungsdichte? Für die Weltbevölkerungsdichte? Ich habe keine Ahnung, das ist nicht bekannt und meines Wissens nicht untersucht. Aber die Tatsache, dass die Fertilität weltweit so gleichmäßig abnimmt, könnte einen Außerirdischen auf den Gedanken bringen, dass die irdischen Frauen eine Geheimsprache nützen. Um die Welt zu retten?

Was ist der Grund, warum sich Frauen weltweit so richtig synchron (fast in allen Ländern, mit nur ein paar Ausnahmen) auf eine Fertilitätsrate von zwei einzuschwören scheinen? Und das nicht nur begrenzt durch den Mangel an Ressourcen. Erkennen wir schon vorher, dass es eng wird, und anstatt es zur Katastrophe kommen zu lassen, reagieren wir schon vorzeitig und bremsen uns ein? Vielleicht musste die Weltbevölkerung erst so dicht werden, um die Fertilität herabzusetzen.

Ich muss nun etwas gestehen. Dieses Kapitel mündet in einer Frage. In der Frage, ob diese Tatsachen zusammenhängen:

Es gibt Quorum Sensing bei Bakterien.
Unsere Körperzellen kommunizieren durch chemische Signale.
Die Fertilität nimmt auf der ganzen Welt gleichmäßig ab.

Haben wir unsere Dichte gemessen und uns darauf verständigt, dass wir nun genug Menschen auf der Erde sind? Sinkt deshalb unsere Fertilität und verlangsamt sich unser Wachstum? Ist es eine örtliche Dichte? Warum ist sie global? Es könnte sein, dass Pheromone und Hormone sich über die Luft oder das Wasser verbreiten. Es könnte sich um die Konzentration von allen möglichen Signalstoffen handeln. Es könnte auch eine andere Form der Kommunikation sein, die wir noch gar nicht kennen. Oder vielleicht gibt es zu diesem Thema gar keine chemische oder physikalische Kommunikation zwischen uns Menschen und es ist unsere → Vernunft!

Ich weiß es nicht. Es gibt mehr unbeantwortete Fragen als beantwortete. Wir kennen noch nicht einmal die Signale, die die Stammzellen in die Differenzierung schicken!

Alles, was wir haben, sind Beobachtungen.

Ich habe noch ein paar weitere spannende Signale beobachtet. Wenn ich mir unsere jetzige Gesellschaft so ansehe, merke ich Folgendes: Die Menschen verändern ihr Verhalten in größerem Ausmaß, als es offensichtlich ist. Ist es Zufall, dass gerade in der zweiten Hälfte des 20. Jahrhunderts die Pille erfunden wurde, dass das Wissen so verbreitet wurde, dass die meisten Frauen verstehen, wie ihr Monatszyklus funktioniert und wie sie ihre Schwangerschaften steuern können?

Die Akzeptanz der Homosexualität als gleichwertige Lebensform ist in meinen Augen eine klare Entwicklung in Richtung der Rettung der Welt vor Überbevölkerung.

Die Trennung der Sexualität von der Reproduktion ist in meinen Augen die wichtigste menschliche Entwicklung des 20. Jahrhunderts. Heute leben Frauen und Männer eine wunderbare Sexualität, wir können diese genießen, losgelöst von der Reproduktion. Keine Angst mehr vor einer ungewollten Schwangerschaft!

Ich warte schon längst darauf, dass die Religionen das auch

einsehen. Ich hoffe zum Beispiel, der Papst liest dieses Buch, macht sich Gedanken und überlegt dann, was er seinen Schäfchen so befiehlt.

Die Sexualität könnte endlich den Stellenwert bekommen, der ihr zusteht: als eine hochwertige, die Lebensqualität steigernde Tätigkeit gesehen zu werden. Die Tatsache, dass Frauen sich in die Arbeitswelt integrieren und nicht mehr ökonomisch abhängig von ihren Männern sind, ist eine klare Voraussetzung dafür, dass sie ihr eigenes Leben bestimmen können. Es ist nicht mehr so, dass die ganze Bürde der Familienerhaltung auf den Schultern der Männer lastet. Partnerschaft auf Augenhöhe führt dazu, dass über Familienplanung nachgedacht wird.

Alle diese Phänomene sind ein Zeichen, dass das Bevölkerungswachstum sich kulturell einpendelt. Aus welchem Grund? Ich weiß es einfach nicht.

Wir scheinen zu merken, dass es so sein muss, und wir ändern unser Verhalten. Wie? Das wird uns die Wissenschaft eines Tages vielleicht erklären können.

KAPITEL 5

Altruismus

Oder: Egoisten sterben aus

Versuchen wir doch Großzügigkeit und Altruismus zu lehren,
denn wir werden selbstsüchtig geboren.

→ Richard Dawkins

Auf den eigenen Vorteil verzichten. Eine Art Uneigennützigkeit. Das Gegenteil von → Egoismus. Es gibt verschiedene Möglichkeiten, Altruismus zu definieren. Allerdings frage ich mich, ob es ihn überhaupt gibt. Diese Frage wird oft diskutiert, nicht nur hier von mir: Gibt es überhaupt echten Altruismus? Oder schaut es auf den ersten Blick nur so aus, als würde man selbstlos handeln, auf lange Sicht stellt sich aber heraus, dass es doch einen persönlichen Vorteil gibt? Und sei es nur, dass der Altruist Anerkennung bekommt. Wir sind ja immer hungrig nach Anerkennung. Und der Altruist kann sich ja entscheiden, wem und welcher Sache er seine Zuwendung widmet.

Für mich ist Altruismus in Zusammenhang mit dem Thema dieses Buches – und das ist ja nichts Geringeres als die Rettung der Welt – deshalb wichtig, weil eine altruistische Handlungsweise dazu führt, dass die Gesellschaft, die Bevölkerung, das Gemeinwohl profitieren. Dass jeder Einzelne sein Handeln darauf überprüft und abstimmt, ob es mit der gesamten Menschheit und dem Problem der Überbevölkerung vereinbar ist. Genau darum geht es:

Der Einzelne verzichtet auf seinen eigenen Vorteil zum Wohl der Gemeinschaft, »seiner« Gemeinschaft, mit der er Gene, Gesinnung, Kultur oder sonst etwas teilt. Das klingt doch nett und vernünftig. Und ganz einfach. Diese Eigenschaften bekommen dadurch eine höhere Chance zu überleben.

Dieses »sonst etwas«, das man mit anderen teilt, kann sehr viel sein: Eine Gesinnungsgemeinschaft, wie etwa männliche Burschenschaften, ist ein ganz typisches Beispiel für so eine erfolgreiche Gruppe – aber das würde ich nun als das Gegenteil von Altruismus bezeichnen, weil es hier ja eindeutig um den eigenen Vorteil geht. Wer immer diesen Verbänden beitritt, erwartet sich einen persönlichen Vorteil. Natürlich, je nachdem, was das Ziel eines Verbandes ist, schwingt es wieder in Richtung Altruismus oder zumindest Hilfsbereitschaft. Das »Wir«-Gefühl gibt Sicherheit, und ein Schulterschluss gegen einen gemeinsamen Feind war auch eine evolutionär erfolgreiche Strategie. Die Betonung liegt auf »war«, denn in Zeiten der Veränderungen können solche Verbände eher eine Schwäche bedeuten. Weil sie zu einheitlich sind. Zu wenig → Varianz, alle gleichgeschaltet.

Altruismus ist eben, wenn man nicht an den eigenen Vorteil denkt.

Und ist total unverständlich! Warum sollte ein Mensch so handeln? Es macht keinen Sinn. Mehr Sinn würde es machen, wenn jeder Einzelne schauen würde, wo er selbst bleibt. Gerade mit Blick auf die Überbevölkerung der Erde könnte man annehmen, dass es logisch wäre, wenn jeder Mensch danach strebt, zu bekommen, was er möchte. Nach ihm die Sintflut. Das wäre ein Verhalten, das man von uns Menschen erwarten würde.

Von der evolutionären Seite her betrachtet, ist es aber eindeutig, dass ein rein egoistisches, nicht-altruistisches Verhalten nicht sinnvoll ist. Wer rein egoistisch denkt, sich nur um sich selbst und nicht um seine Nachkommen (und deren Nachkommen) sorgt, dessen Gene überleben nicht. Der ist weg. Der eliminiert sich aus evolutionärer Sicht selbst.

Reine Egoisten sterben aus. Reine Altruisten kommen auch nicht wirklich weiter. Also brauchen wir beide. Im richtigen Verhältnis. Aber welches ist dieses richtige Verhältnis? Altruistisches Verhalten birgt eine Schwierigkeit. In dem Moment, in dem es stattfindet, besteht oft kein Bezug dazu. Es ist nicht erkennbar, warum man so handeln sollte. Erst rückblickend wird man erkennen, dass dieses Verhalten sinnvoll war, essenziell war, damit die Gruppe oder Familie des Altruisten eher überlebt. Wer sich um seine Nachkommen und deren Nachkommen sorgt, wer sich so verhält, dass es der Nachhaltigkeit dient, würde später erkennen, dass es sich gelohnt hat. Meistens lebt er dann selbst nicht mehr. Aber sein Verhalten hat Folgen. Wenn der Altruist Menschen mit ähnlichen Genen unterstützt, so werden seine eigenen Gene höhere Chancen haben, zu überleben. Wenn der Altruist Menschen mit ähnlicher Gesinnung hilft, so wird sich diese Gesinnung eher durchsetzen. So vermehren sich Gene und Meme (siehe Kapitel 7). So funktioniert Evolution.

Ich spreche dabei nicht von Situationen, in denen der Mensch gezwungen wird, scheinbar altruistisch zu handeln – Kamikazeflieger, Kriegshelden, die sich fürs Vaterland opfern. Solche Menschen kann man eigentlich nicht als Altruisten bezeichnen. Denn wenn sie desertieren, werden sie erschossen. Den Familien der Kriegshelden, vor allem der Religionskriege, wird durch den Heldentod Ehre vom Vaterland zukommen. Das ist kein Altruismus. Ein solcher Mensch opfert sich, weil er daran glaubt, dass sein Opfer honoriert wird. Das ist ein bösartiges Geschäft. Das ist es, was ich an vielen Religionen verachte, dass gesagt wird: Du kannst ruhig jetzt leiden. Leiden ist gut! Im nächsten Leben wird Gott dich belohnen. Aber das Traurige ist, dass solch ein Verhalten auch noch evolutionär erfolgreich ist. Wenigstens kurzfristig.

Dieses Vertrösten auf ein Leben nach dem Tod, das es eindeutig nicht gibt. Das ist ein absolut unethisches Verhalten. Wenn man, wie ich, der Meinung ist, dass es kein Leben nach dem Tod gibt, ist es altruistisch zu sagen: Ich verhalte mich jetzt so, damit die

Menschen, die nach uns kommen, ebenfalls gute Bedingungen vorfinden und überleben.

Warum verbieten eigentlich die christlichen Religionen den Selbstmord? Es gibt doch Urvölker, bei denen ältere Menschen, wenn sie merken, dass die Ressourcen für sie nicht mehr reichen, einfach weggehen und sterben. Sie hören auf zu essen, um der eigenen Gruppe nicht mehr zur Last zu fallen. Sterbehilfe ist ein extrem umstrittenes Thema, geht aber auch in diese Richtung. Für mich ist klar: Ich möchte nicht, dass sich irgendjemand anmaßt, mir vorzuschreiben, wie lange ich zu leben habe. Das würde ich auf keinen Fall akzeptieren. Wenn ich einmal der Meinung bin, dass ich nur noch eine Belastung für meine Umwelt bin, möchte ich nicht, dass mein Leben um jeden Preis erhalten wird. Und schon gar nicht gegen meinen Willen. Das wäre ohnehin kein Leben mehr. → Zellmetabolismus, der noch funktioniert, und die Lebendigkeit einer Person – das sind zwei unterschiedliche Dinge! Unsere Gesellschaft lässt es kaum mehr zu, dass eine Person in Ruhe sterben kann. Das Leben wird, solange es geht, um fast jeden Preis verlängert. Die Menschen werden kaum dazu befragt. Sie haben auch nicht gelernt, mit dieser Frage umzugehen. Ist ja tabu in einer religiösen Gesellschaft, in der das Leiden reinigend ist.

Altruistisches Verhalten ist auf lange Sicht also lohnend. Ist das nun der Antrieb dafür? Ist es eine bewusste Entscheidung von uns Menschen, so zu handeln, dass es sich später für andere »lohnt«? Ist es eine ethisch begründete Handlung? Und: Ist sie freiwillig? Verzichten wir bewusst auf unseren eigenen Vorteil zum Wohl der Gemeinschaft? Oder hat sich dieses Verhalten, weil es evolutionär erfolgreich ist, bereits in unsere Gene eingeschrieben?

Altruismus ist ein Verhalten, das sich tatsächlich schon in unseren Genen festgelegt haben könnte. Es könnte sich also in einigen Menschen bereits als angeborenes Verhalten fixiert haben. Es ist etwas, das sich in der Evolution durchsetzt. Aber ist das nicht ein Widerspruch? Jeder strebt doch danach, seine eigenen Gene weiterzugeben. Wenn er sich selbst nicht fortpflanzt, sind seine

Gene ja verloren. Im Tierreich ist dieser Egoismus besonders deutlich zu beobachten: Es gibt Tiere (Löwen, einige Affenarten und Vögel), bei denen das Männchen, wenn es ein neues Weibchen erobert hat oder zum neuen Rudelführer wurde, die Jungen des Vorgängers umbringt. Ein egoistisches Verhalten, das sich evolutionär durchgesetzt hat. Und das auch rassistisch ist: Das neue Alphatier will, dass nur seinesgleichen überlebt, die anderen sollen sterben.

Das ist evolutionär leider sehr wirkungsvoll. Wenn ein Krieg zu Ende ist, gibt es immer Massenvergewaltigungen, die Sieger vergehen sich an den Frauen der Verlierer. So ein Verhalten setzt sich evolutionär nur deshalb durch, weil es dabei hilft, die eigenen Gene zu verteilen.

Aber es reicht eben nicht, nur die Gene weiterzugeben. Das ist zu kurz gedacht. Denn man muss sich um die Nachkommen kümmern, darauf achten, dass sie durchkommen und selbst Nachkommen zur Welt bringen können.

Man muss eine Generation vorausblicken, damit man sich langfristig in der Evolution durchsetzt.

Altruismus ist übrigens für mich auch eine Erklärung dafür, warum Frauen älter werden als Männer. Es ist ein Gedankenspiel, eine Idee, die nicht erwiesen ist. Aber interessant: Eine Großmutter, die sich um ihre Enkelkinder kümmern kann, ist ein großer Vorteil für die Nachkommen. Wenn sie aber einen Mann hat, der von ihr umsorgt werden will, verursacht das negative Kosten für die Nachkommen. Der Großvater nimmt den Nachkommen Ressourcen weg, es ist also langfristig gedacht vergeudete Energie der Großmutter, sich um ihn zu kümmern. Er nimmt Energie, Zeit und Essen weg, die den Nachkommen fehlen. Eine mögliche Erklärung, nicht mehr. Für mich ist sie sehr plausibel. Könnte sich schnell ändern, wenn sich die Großväter auch um die Nachkommen kümmern. So einfach kann es sein.

Nun sind wir Menschen soziale Wesen, und wir kompetieren oft nicht nur als Individuum, sondern auch als Gruppe, als

Gesellschaft. Aber besonders spannend ist, dass die stärkste Kompetition innerhalb der eigenen Spezies stattfindet. Die Selektion der Fittesten findet also innerhalb einer Gruppe statt, um diese Gruppe zu stärken. Da muss man mehrere Ebenen betrachten, um dieses → komplexe System verschiedener Verhaltensweisen zu verstehen.

Es muss also ein bestimmtes Gleichgewicht geben – zwischen Egoismus und Altruismus – im Sinne der eigenen Gene und der eigenen Familie. Das genetische Muster, zum Wohl der Gruppe auf den eigenen Vorteil zu verzichten, setzt sich auch durch. Ebenso wie der Egoismus.

Sind wir Menschen, wir als Weltbevölkerung, als globale Gruppe, so weit gebildet, zu erkennen, dass wir nicht so wie bisher weiterwachsen können? Irgendwann sind die Ressourcen der Erde weg. Sind wir Egoisten, die darauf schauen, möglichst gut zu leben, solange es noch geht? Ist es uns egal, was die nachkommenden Generationen vorfinden, wenn wir nicht mehr da sind? Das würde in einer Katastrophe enden, wenn dieser Wachstumswahn einfach blindlings weitergeht. Dieses Szenario hat es in der Geschichte der Menschheit schon öfters gegeben. Massensterben!

Sind wir so altruistisch und intelligent, zu erkennen, dass dieser Weg des »Weiterwachsens um jeden Preis« ganz schlecht ist? Dass Wachstumswahn und Gier zur Katastrophe führen, dass wir beginnen müssen, nachhaltig zu denken? Wir haben ja längst damit begonnen; vieles wird ja schon seit Langem diskutiert, und viele Menschen bremsen sich schon ziemlich rasant ein.

Rationales Quorum Sensing (siehe Kapitel 4)?

Ich schlage hier wieder eine Brücke zu meiner Forschung. Denn wie so oft liefert mir die Welt im Bereich der Mikroorganismen Inspirationen, die mir dabei helfen, das menschliche Verhalten zu verstehen. So ist Altruismus kein rein menschliches Phänomen. Auch Bakterien und Zellen können selbstlos sein. Bei Bakterien sprechen wir vom → »kontrollierten Zelltod«, bei menschlichen Zellen heißt das Phänomen → »Apoptose«.

Gerät eine Bakterienkolonie in die Nähe einer tödlichen Dosis Antibiotikum, gerät sie in Stress. Ihr Überleben ist in Gefahr! Wie wird die Kolonie es schaffen, zu überleben? Es könnten doch einige wenige Bakterien, besonders kräftige, resistente, schauen, dass sie selbst durchkommen. Und alle anderen sterben eben aus. Die Bakterienkolonie geht aber einen anderen – einen altruistischen – Weg. Es wird ein Signal innerhalb der Kolonie ausgesendet, das die besonders Resistenten dazu bringt, auf ihre eigene, volle Energie zu verzichten, um sie lieber in jene Zellen zu investieren, die nicht so überlebensfähig sind. In jene, die an dem steigenden Level von Antibiotika leiden. Die resistenten Bakterien produzieren → Indol, einen Signalstoff, der die schwächeren Bakterien stärkt. Dabei sinkt ihre eigene → Fitness, oft sterben sie sogar ab. Aber die Überlebensfähigkeit der gesamten Kolonie wird gestärkt.

Ist das ein Verhalten, das einen evolutionären Vorteil ergibt? Überlebt das altruistische Verhalten, obwohl die stärkeren Bakterien selbst auf den eigenen Vorteil verzichten?

Das altruistische Verhalten der Bakterien ist bereits in den Genen festgelegt. Bakterien haben in ihrem → Genom ein sogenanntes → Selbstmordmodul. Einen → genetischen Schalter, der den sogenannten »kontrollierten Zelltod« auslöst. Das Modul besteht aus zwei Genen: Eines ist kodiert für ein Gift, ein Toxin. Das zweite Gen ist kodiert für das Gegengift, das Antitoxin. Solange das Antitoxin aktiv ist, ist das Toxin wirkungslos. Sobald aber die Produktion des Antitoxins abgedreht wird oder das Antitoxin abgebaut wird, kommt das Toxin zur Wirkung – und die Zelle tötet sich somit selbst.

Hier gibt es also ein Genpaar, das für ein Toxin-Antitoxin-Modul kodiert ist und das als potenzielles Selbstmordinstrument je nach Bedarf ein- und ausgeschaltet werden kann.

Ist das bereits als altruistisches Instrument zu interpretieren? Wenn wir dieses Ereignis aus dem Blickwinkel des Menschen betrachten und das Ergebnis berücksichtigen, können wir es schon als altruistisch bezeichnen. Darüber lässt sich natürlich streiten, weil wir Menschen in unserem homozentristischen Weltbild der Meinung sind, dass Bakterien weder denken können noch einen freien Willen haben. Aber das Verhaltensmuster ist bereits genetisch vorhanden. Und wird durch chemische Signale gesteuert.

Nun gibt es noch eine faszinierende Denkübung. Dieses Selbstmordmodul, dieses Toxin-Antitoxin-Paar, hat ganz andere Wirkungen, wenn es sich in einem anderen genetischen Kontext befindet.

Befindet sich dieses Selbstmordmodul nicht mehr auf dem → Chromosom, also auf dem Hauptstück der Erbinformation, sondern auf einem mobilen extrachromosomalen → DNA-Stück, das von Zelle zu Zelle wandern kann, dann wird die Wirkung auf einmal ganz anders. Man findet diese Selbstmordmodule auf antibiotikaresistenten Plasmiden (so nennt man diese extrachromosomalen DNA-Stücke, die wandern können). Und wenn eine Zelle so ein Plasmid mit einem Selbstmordmodul hat, kann sie nicht mehr überleben, wenn sie das Plasmid verliert, weil das Antitoxin immer kurzlebiger als das Toxin ist. Verliert die Zelle das Plasmid mit dem Selbstmordmodul, dann verschwindet das Antitoxin schneller als das Toxin, und die Zelle stirbt.

Wenn dieses Modul auf dem Plasmid sitzt, wird dieses Plasmid zum totalen Egoisten! Es garantiert, dass es nicht verloren geht. Das Plasmid mit dem Toxin-Antitoxin-Modul ist total selbstsüchtig! Das Gegenteil von altruistisch. Alle Zellen, die das Plasmid nach der Zellteilung nicht mehr haben, sterben.

Ich finde es sensationell, dass die Natur solche Dinge entstehen lässt. Ein und dasselbe genetische Modul bewirkt, dass Zellen entweder altruistisch sind oder total eigennützig, je nachdem, in welchem genetischen Kontext es sich befindet!

Ich weiß, es ist schwierig, im Falle einer Bakterienkultur von Altruismus zu sprechen, denn: Alle Bakterien haben dieselben Gene (abgesehen von einer paar kleinen Punktmutationen). Wenn es nun ums Überleben der gleichen Gene geht, ist das doch eigentlich wiederum Egoismus, oder? Immerhin sorgt das Selbstmordmodul dafür, dass jene Bakterien mit den gleichen Genen, die eigene Familie, überleben. Und das ist doch der Kern des → Rassismus: Warum sollte ich dafür sorgen, dass etwas, das nicht meine Gene hat, weiterlebt?

Wir können das Verhalten der Bakterien nicht eins zu eins übernehmen. Tatsache ist, dass die Evolution diese Toxin-Antitoxin-Module hervorgebracht hat. Und es gibt ganz viele davon. Das ist keine exklusive Eigenart einer einzelnen Spezies. Diese Module sind sehr mächtig. Von manchen Kolonien werden sie so genützt, dass einzelne Zellen in den kontrollierten Tod gehen, um das Überleben der eigenen Kolonie zu gewährleisten, also eher altruistisch wirken – und dann wird das gleiche genetische Modul von anderen Zellen genutzt, um zu gewährleisten, dass nur sie selbst überleben. Das ist ein bakterielles Verhalten. Haben Menschen dieses Verhalten auch? Das wissen wir nicht. Was wir aber wissen, ist: Menschliche Zellen haben schon einen ähnlichen tödlichen Mechanismus wie die Bakterien, nämlich die bereits erwähnte Apoptose (vom griechischen »apoptosis«, abfallen). Das ist eine Form des kontrollierten Zelltodes. Ein Selbstmordprogramm, das bei höheren Zellen wesentlich komplexer ist als bei Bakterien. Bei Bakterien sind eigentlich nur zwei Gene involviert, eines für das Toxin, eines für das Antitoxin. In höheren Zellen, wie den menschlichen Zellen, gibt es ein komplexes Programm, bei dem viele verschiedene Gene aktiv sind, die auch zum kontrollierten Tod führen können. Im Kern geht es jedenfalls darum, dass die Zelle selbst ihren Tod herbeiführt. Aktiv. Es ist Teil ihres Stoffwechsels.

Während der → Embryogenese, wenn sich der Embryo zum Baby entwickelt, werden sehr viele Zellen hergestellt, und nur ein paar wenige davon gehen in die nächste Entwicklungsstufe über. Viele gehen jedoch in den kontrollierten Zelltod. Apoptose: Es ist dieser Mechanismus, der die Organgröße kontrolliert, die Anzahl der Zellen, die Zelldichte. Das ist sehr komplex. Entdeckt wurde dieser Mechanismus bei den Kaulquappen. Bei ihrer Metamorphose zum Frosch gibt es ein Stadium, in dem das Tier Häute zwischen den Fingern hat. Diese werden dann zurückgebildet, indem sich die Hautzellen selbst zerstören. Diese Apoptose ist ein natürlicher Mechanismus während der Entwicklung von Tieren von einem Stadium zum anderen.

Die Kontrolle von Zellen, ihrer Zahl und Größe, ist essenziell. Es ist kein Zufall, dass etwa die Leber genau diese Form hat: Die Zellen sind kontrolliert.

Kontrollierter Zelltod kommt auch ins Spiel, wenn eine Zelle von einem → Virus infiziert wird. Das Virus dringt in die Zelle ein, vermehrt sich wie wild, und dann platzt die Zelle. Die neu vermehrten Viren werden dabei freigesetzt und können dann die Nachbarzellen infizieren. Hier kommt dieser Apoptose-Mechanismus zum Tragen. Sobald eine Zelle von einem Virus befallen wird, kann sie sich selbst in Apoptose schicken und dadurch verhindern, dass sich das Virus vermehrt und so die Nachbarzellen infiziert. Sie aktiviert die Apoptose, bringt sich selbst um, damit das Virus mit ihr stirbt und die Nachbarzellen nicht mehr angreifen kann. Die Zelle schützt somit ihre Population. Es ist hart. Aber sie verhält sich absolut altruistisch.

Es gibt einige Viren, zum Beispiel die → Baculoviren, die, wenn sie eine Zelle infizieren, als allererstes diesen Apoptose-Mechanismus der Wirtszelle deaktivieren. Total fies.

Apoptose ist auch ein großes Thema in der Krebsforschung. Ziel ist es, den kontrollierten Zelltod bei entarteten Zellen auszulösen, Apoptose also als Therapie bei Krebs einzusetzen. Doch die Krebszellen nutzen den Mechanismus, um → menschliche Abwehrzellen (tumorinfiltrierende Lymphozyten) auszuschalten. So findet man an der Oberfläche verschiedener Tumorzelllinien ein die Apoptose auslösendes Protein: Es schickt die Immunzellen in den Selbstmord! Diesen Mechanismus bezeichnet man als → »Tumor Counter Attack«. Das heißt: Es kann auch eine Zelle in einer anderen Zelle von außen den Apoptose-Mechanismus einschalten und sie so zum Selbstmord zwingen. Das ist natürlich besonders gemein und alles andere als Altruismus.

Apoptose ist ein genetischer Mechanismus, der altruistisch wirken kann – aber auch als Waffe verwendet werden kann. Und dann wieder egoistisch ist. Wie ein Werkzeug eben nur ein Werkzeug ist. Es liegt an dem, der es benutzt, ob er eine Waffe daraus macht. Gegen wen er sie einsetzt. Und mit welcher Motivation.

Haben wir Menschen ein altruistisches Verhalten für uns entwickelt? Ist es in unseren Genen?

Diese Fragen sind deshalb sehr schwer zu beantworten, weil sich diese Mechanismen oft aus ganz anderer Notwendigkeit entwickelt haben und wir sie einfach aus unserer Sichtweise so oder so interpretieren können. Wir dürfen nicht vergessen, dass die Evolution kein Ziel hat. Erst im Nachhinein kann man feststellen, was erfolgreich war und sich durchgesetzt hat.

Viele Nichtbiologen mögen diese Art des Vergleiches zwischen Menschen und anderen Lebewesen nicht und nennen solche Interpretationen → Biologismus. So als wäre die Biologie eine politische oder philosophische Denkströmung. Ich sehe uns Menschen als keine besondere Spezies. Wir unterscheiden uns bei näherer Betrachtung nicht besonders von anderen Lebewesen. Es ist eher das Gegenteil der Fall: Die Ähnlichkeiten sind das Verblüffende. Das kommt natürlich aus der Evolution. Weil alle Lebewesen gemeinsame Vorfahren haben.

Warum erwähne ich diese genetischen Schalter, die Zellen in den kontrollierten Tod schicken können, wenn es um das menschliche Überleben geht? Ich nehme natürlich nicht an, dass Menschen sich umbringen, nur damit sie die Welt nicht belasten. Dann würden sie sich ja glatt aus der Evolution entfernen. Aber Menschen könnten ihre Reproduktion einschränken und für ihre Nachkommen sorgen, damit auch diese wieder Nachkommen haben können. Ich wage zu vermuten, dass dem so sein wird. Die Frage ist eher, wann und zu welchem Preis das geschehen wird. Am Ende kann sich nur so ein Verhalten durchsetzen.

Ich denke, die Grundvoraussetzung für ein globales altruistisches Verhalten ist ein globales Wir-Gefühl. Es gibt den Gedanken, dass wir, wenn es fremde Wesen von einem anderen Planeten gäbe, die uns angreifen, als Erdbevölkerung zusammenhalten müssten, um gegen den fremden Feind zu überleben. Der gemeinsame Gegner als Gemeinsamkeit. Das könnte das globale Wir-Gefühl aufkommen lassen.

Schaffen wir – die Menschheit – es auch ohne diesen Extremfall, ein Wir-Gefühl zu empfinden? Die Menschen. Wir. Oder ist es nur das Ich? Oder meine Gemeinde, meine Familie, meine Partei, meine Ethnie, mein Nationalstaat? Man identifiziert sich als Gruppe, aber was ist das Identifikationsmerkmal? Sprache, Land, Religion, Generation, Musikrichtung?

Die globale Vernetzung, die Möglichkeit der Kommunikation zwischen allen Teilen der Erde, zwischen Menschen jeder Herkunft, Religion, jeden Alters und jeder Hautfarbe könnte ein erstes Instrument sein, das uns den Weg in diese Richtung ebnet: ein Gefühl für die Menschheit als Ganzes im Kontext der Natur zu entwickeln. Wir, die Menschen. Wir, die wir mit Bedacht handeln für unsere nachkommenden Generationen. Wir, die wir alle digital in der Cyberwelt vernetzt sind.

Wir Menschen denken gemeinsam nach, wie wir es schaffen könnten, die Welt vor der Katastrophe Mensch zu retten.

KAPITEL 6

Die Ribonukleinsäure

Oder: Die Substanz, die sich selbst reguliert

Wer wagt, selbst zu denken, der wird auch selber handeln.

→ Bettina von Arnim

Eine der wichtigsten Fragen, die sich die Menschen immer gestellt haben, ist: Gibt es Systeme, die sich selbst ordnen? Wenn ja, dann kann die Welt ohne einen Schöpfergott existieren. Wir können die Existenz Gottes zwar nicht falsifizieren, aber wir können eindeutig sagen, dass das Universum ihn zu seiner Entfaltung nicht gebraucht hat.

So einfach ist das. Haben wir ein sich selbst ordnendes System gefunden? Ja: in der Biologie. Das Leben ist ein sich selbst ordnendes System, und die Evolution erklärt uns, wie es sich entfalten kann. Und es gibt ein Molekül, das uns im Detail zeigt, wie das funktioniert. Es ist das Molekül des Lebens (meines Lebens), die Ribonukleinsäure.

Dieses Molekül, die Ribonukleinsäure (→ RNA), hat mich in den letzten 35 Jahren täglich beschäftigt und mir gezeigt, worauf es im Leben ankommt. Das ist nicht übertrieben. Nach allem, was wir wissen, sind es die Eigenschaften der RNA, die das Leben einst entstehen ließen. Diese Eigenschaften bestimmen bis heute, vier Milliarden Jahre später, noch immer über Leben und Tod, über Krankheit und Wachstum, über die Aktivität unserer Gene, über unser Gedächtnis und unser Verhalten.

Eine wichtige Sache für die Entstehung des Lebens ist Ordnung. Und um Ordnung in einem System zu halten, brauchen wir Information. Das Leben ist ein sich selbst ordnendes System. Kein von außen gesteuertes System, das nach einem Kochrezept ausgeführt wird. Nein, das Leben ordnet sich selbst. Obwohl selbstverständlich viele Signale von außerhalb des Systems kommen. Jedes Lebewesen, jede Zelle kommuniziert ja mit seiner und ihrer Umwelt. Es sind die Eigenschaften der Biomoleküle, die diese Ordnung möglich machen. Dadurch, dass die Information zur Ordnung und zur Funktion des Stoffwechsels unzertrennlich in einem Molekül – der RNA – gekoppelt war, konnte sich dieses sich selbst ordnende System entwickeln. Nicht funktionierende Elemente wurden eliminiert. Das ist das Selektive in der Evolution.

Doch was ist diese Ribonukleinsäure überhaupt? Welche Eigenschaften sind es, die mich so faszinieren und von denen ich lerne, täglich lerne? Jedes Jahr nimmt die Anzahl der Forscherinnen und Forscher zu, die sich mit diesem Molekül beschäftigen. Und Jahr für Jahr erleben wir Überraschungen. Ich werde Ihnen in diesem Kapitel nicht nur die Rolle der RNA bei der Entstehung des Lebens schildern, sondern auch, wie RNA-Moleküle heute noch Wachstum regulieren und welche Rolle sie bei der Epigenetik spielen.

Die RNA besteht aus vier verschiedenen Bausteinen, den vier Basen → Adenin, → Cytosin, → Guanin und → Uracil (siehe Abbildung 4). Diese vier Bausteine sind an einer Kette – bestehend aus einem Zucker, der → Ribose (gestricheltes Fünfeck), und einer Säure, der Phosphorsäure (eingekreist) – angehängt. An jeder Ribose hängt einer der vier Bausteine. In der Reihenfolge der Bausteine auf dieser Phosphat-Ribose-Kette liegt die gespeicherte Information.

Diese Basen haben eine ganz besondere Eigenschaft, die für die Funktion, für die Faltung und für die Verdoppelung der RNA-Moleküle wichtig ist: Die Basen sind jeweils → komplementär. Adenin ist komplementär zu Uracil, und Cytosin ist komplementär zu

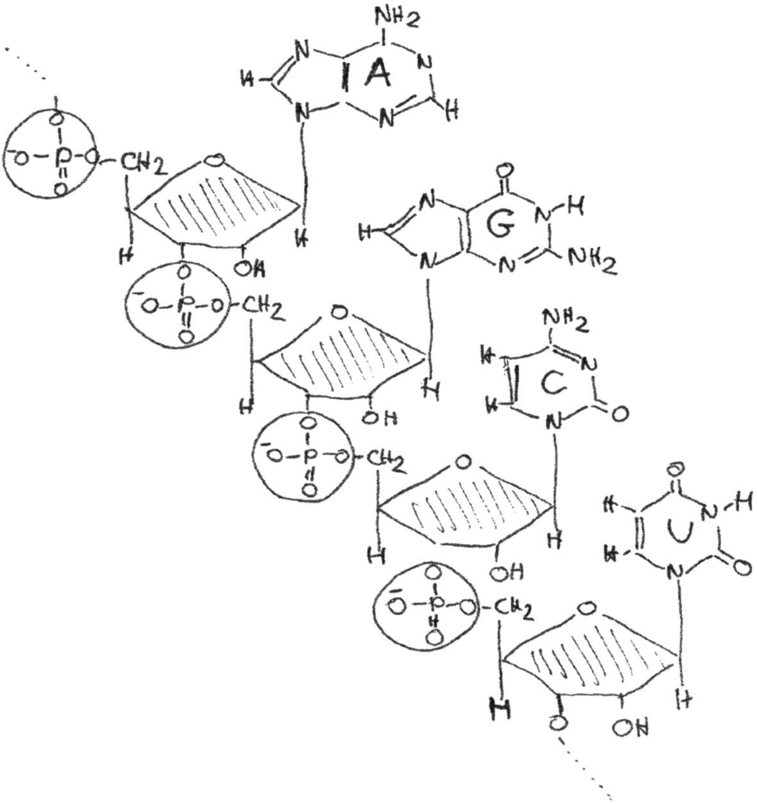

ABBILDUNG 4:
Die primäre Struktur der RNA mit ihren vier Basen, A(denin), C(ytosin), G(uanin) und U(racil), auf einer Kette, bestehend aus dem Zucker, Ribose (gestricheltes Fünfeck), und der Phosphorsäure (eingekreist).

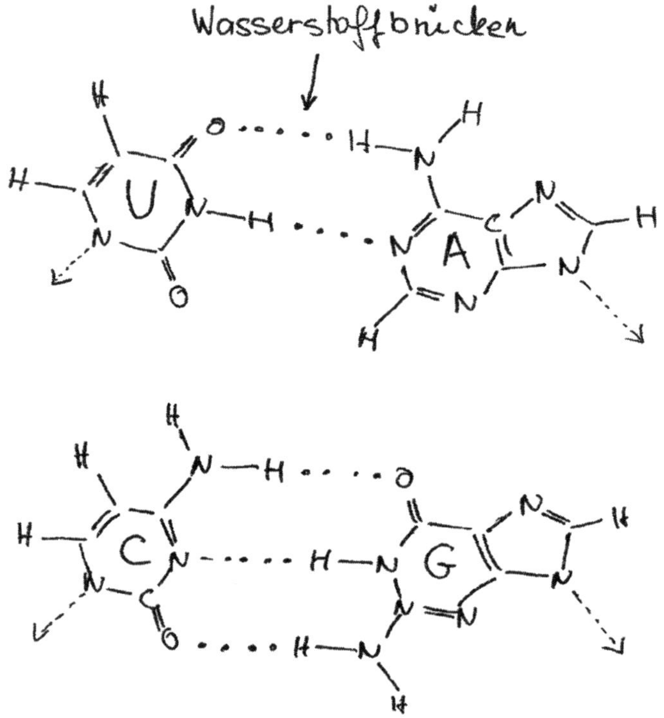

ABBILDUNG 5:
Die komplementären Eigenschaften der beiden Basenpaare Adenin-Uracil und Cytosin-Guanin. Die Komplementarität entsteht durch → Wasserstoffbrücken.

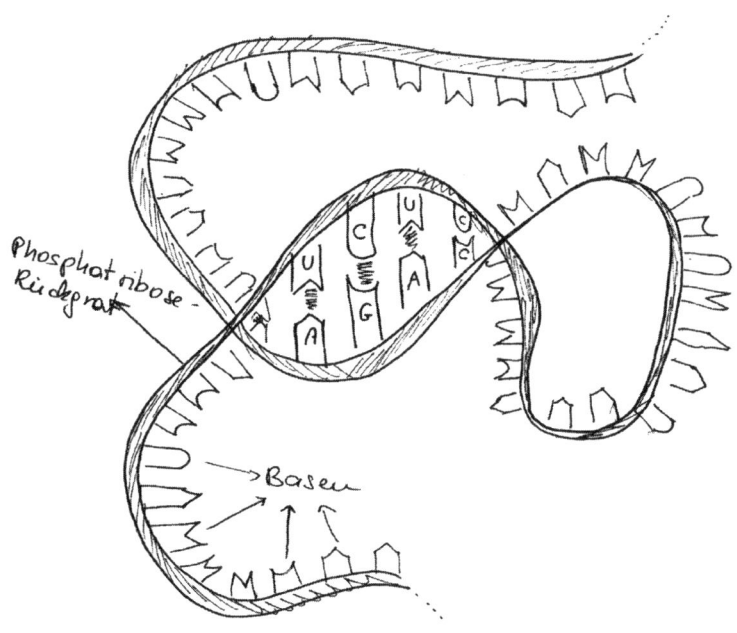

Phosphat ribose-
Rückgrat

Basen

ABBILDUNG 6:
RNA-Faltung durch Basenpaarung innerhalb eines RNA-Moleküls

Guanin (siehe Abbildung 5). Das bedeutet, dass sie miteinander wechselwirken und eine schwache Paarung miteinander eingehen können. Schwach, weil die Paarung ständig auf- und zugeht und sich bei Erwärmung wieder löst.

Diese Komplementarität hat eine sehr wichtige Folge: Ein RNA-Molekül kann dadurch nicht nur mit anderen Molekülen wechselwirken, sondern auch mit sich selbst. Es kann sich dadurch falten und dreidimensionale Strukturen einnehmen (siehe Abbildung 6). Und in dieser Faltung entsteht jetzt etwas absolut Geniales: Es entsteht Funktion!

In der Reihenfolge der Basen auf dieser Kette, auch → »Sequenz« genannt, ist also Information gespeichert. Und je nach der Sequenz können RNA-Moleküle sich unterschiedlich falten und unterschiedliche dreidimensionale Strukturen mit unterschiedlichen Funktionen annehmen. Die Funktionen sind nun vielseitig. Zum Beispiel können sich RNA-Moleküle zu Biokatalysatoren falten und chemische Reaktionen → katalysieren. RNA-Moleküle können die Bildung anderer Moleküle beschleunigen: Zum Beispiel beschleunigen sie die Herstellung von Eiweiß. Und ganz besonders wichtig: RNA-Moleküle können auch die Polymerisation von RNA-Molekülen selbst beschleunigen. Was das bedeutet? Dass es Moleküle gibt, die ein sich selbst ordnendes System entstehen lassen können. RNA-Moleküle falten sich und können dann die Synthese anderer RNA-Moleküle antreiben.

Das könnte er gewesen sein, der Big Bang des Lebens: ein erstes Molekül, das sich selbst repliziert. Ein RNA-vermehrendes RNA-Molekül!

Eine wirklich wichtige Frage, die wir uns stellen können, um die Welt zu verstehen, ist, wie sie entstanden ist. Die aktuelle Berechnung der Kosmologen ist, dass unser Universum 13,7 Milliarden Jahre alt ist. Und dieses Universum ist aus dem → »Nichts« entstanden (weiterdenken und weiterlesen bei Lawrence Krauss). Unser Planet Erde ist vor etwa fünf Milliarden Jahren entstanden. Und das Leben auf unserem Planeten ist in etwa vor 4 bis 4,5 Milliarden

Jahren aufgetaucht. Die große Frage ist natürlich, wie dieses Leben
entstanden ist. Dazu gibt es mehrere Theorien. Aber eine finde ich
besonders spannend. An der Falsifizierung dieser Theorie arbeiten viele Wissenschaftler. Verifizieren können wir diese Theorie
nicht. Das heißt, dass wir ewig lang daran arbeiten werden, um ein
immer klareres Bild davon zu bekommen. Die Theorie wird immer
genauer, mit immer mehr Details, und wir nähern uns dann langsam einem immer kohärenteren Bild des Geschehens: dem Ursprung des Lebens.

Diese Theorie heißt »RNA-Welt-Theorie«.

Ich zeichne jetzt das Szenario auf, wie dieses sich selbst ordnende und selbst vermehrende RNA-Molekül entstanden sein
könnte und wie dadurch das Phänomen Leben beginnen konnte
(Abbildung 7).

In einer präbiotischen → Ursuppe entstanden zuerst viele Bausteine mit den Eigenschaften der Moleküle, die auch heute noch
die Biologie bestimmen. Diese Theorie wurde von → Stanley Miller
im Jahre 1953 experimentell getestet. Zuerst schwammen diese
Bausteine in einer wässrigen Lösung (dem Meer? einem salzigen
See?) und trugen keine Information.

Es gab in dieser Ursuppe sicherlich viele kleine Bausteine, die
mitgespielt haben, aber die vier Basen der RNA, Adenin, Cytosin,
Guanin und Uracil, haben sich durchgesetzt. Es gibt zwei Möglich-
keiten, wie diese Bausteine sich miteinander verbinden: über die
Kette als feste chemische Bindung oder als loses Basenpaar über
Wasserstoffbrücken.

Der Einfachheit halber zeichne ich Adenin und Uracil als zwei
formkomplementäre spitze und Cytosin und Guanin als zwei
formkomplementäre runde Bausteine (Abbildung 8).

Dann haben sich diese Moleküle aneinandergekettet (polyme-
risiert; Abbildung 9). Ganz nach dem Zufallsprinzip. Oder auf der
Oberfläche von anderen Molekülen, auf mineralischen Oberflächen
oder vielleicht auf der Oberfläche von kleinen → Peptidketten, die
auf gleiche Weise in der Ursuppe entstanden sein könnten. Diese

ABBILDUNG 7:
Biologische Bausteine schwimmen ungeordnet und ohne Information in der
präbiotischen Ursuppe.

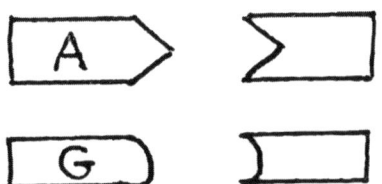

ABBILDUNG 8:
Ein AU- und ein CG-Paar in einer einfachen **formkomplementären**
Darstellung.

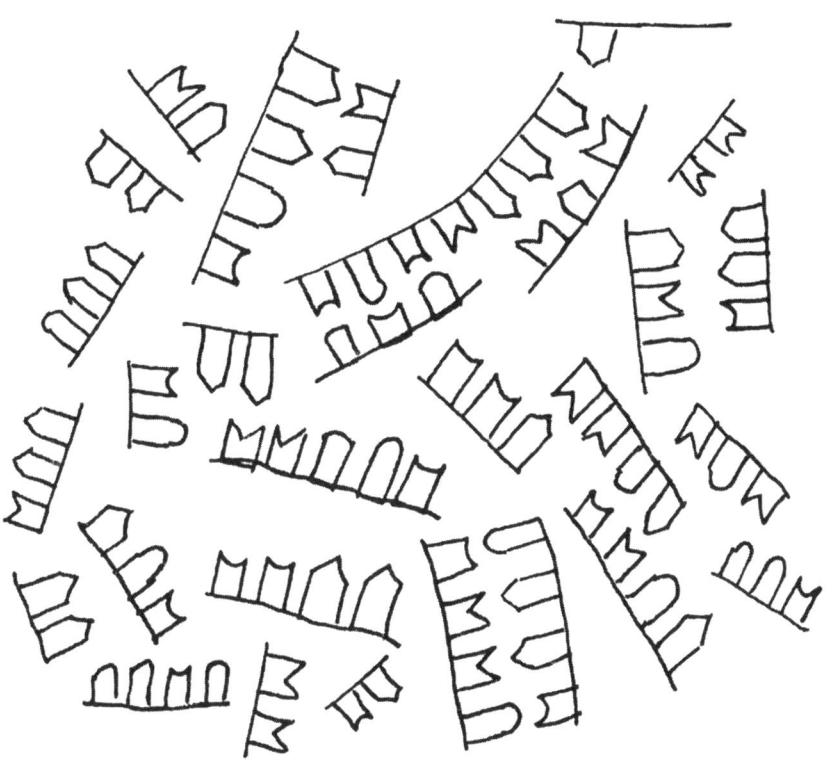

ABBILDUNG 9:
Bausteine polymerisieren sich nach dem Zufallsprinzip zu kurzen Ketten.

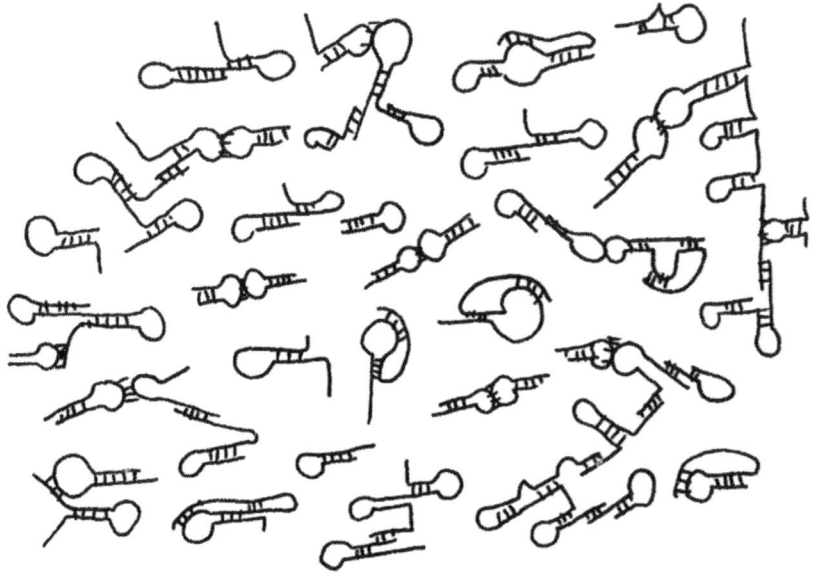

ABBILDUNG 10:
RNA-Ketten werden immer länger, bis sie lang genug sind, dass sie sich zu dreidimensionalen Strukturen falten können. Diese sind dadurch stabiler und manche entfalten dabei Funktion.

Idee hatte ich vor vielen Jahren, als ich bemerkt habe, dass funktionelle RNAs kleine Peptidantibiotika binden können, die wahrscheinlich evolutionär sehr alt sind. Das gefiel mir gut, weil es einige heutige Eigenschaften der Zellen erklärt, nämlich dass RNA und Proteine unzertrennlich sind – und dann würde es auch leichter möglich sein, dass sich mehrere ähnliche RNA-Moleküle in der Ursuppe bilden. (Dieser Frage sollte ich noch nachgehen!)

Diese Polymerisierung geschieht als Esterbindung zwischen der Phosphorsäure und dem Zucker. Das ist eine relativ stabile chemische Bindung, viel beständiger als die Art der Bindung durch die oben beschriebene Wasserstoffbrücke. Die Verbindung über die Phosphat-Ribose-Kette ist stabil genug, dass durch die Aneinanderreihung Information entsteht.

Dabei entsteht Information!

Zuerst ist diese Information nicht wirklich vielsagend. Erst wenn aus dieser Reihenfolge der Bausteine auf der Kette eine Funktion entsteht, beginnt es spannend zu werden.

Die RNA-Ketten wurden immer länger, bis sie lang genug waren, dass sie sich falten konnten (Abbildung 10). Dadurch entstanden unterschiedliche Strukturen mit unterschiedlicher Stabilität. Bis auf einmal ein RNA-Molekül da war, das eine Funktion entfalten konnte. Da waren natürlich viele verschiedene Funktionen möglich, aber eine bestimmte Funktion war hier das zündende Ereignis: eine Reaktion, die diese Polymerisation der RNA-Bausteine selbst beschleunigt.

Ein RNA-Molekül, das die Polymerisierung von RNA-Ketten beschleunigt!

Und das dies aber nicht wahllos macht, sondern selektiv. Es nimmt RNA-Moleküle selbst als Matrize und stellt die komplementäre RNA dazu her. Diese RNA-Moleküle vermehren sich, und je funktionsfähiger sie sind, desto schneller machen sie das. Moleküle, die nicht funktionsfähig sind, werden einfach eliminiert durch ihren Mangel an Funktion. Dadurch, dass immer ein RNA-Molekül als Matrize genommen wird, geht die Information, die in ihrer Sequenz steckt, nicht verloren. Diese Kopplung von Information und Funktion bewirkt, dass nur die funktionsfähigen, aktiven RNA-Moleküle überdauern. Wir haben in diesem System bereits alle Eigenschaften, die für die Evolution des Lebens notwendig sind: die Vermehrung einer komplementären Kette mittels Abschreiben (heute vermehren sich auf diese Weise unsere Chromosomen). Die Faltung zu einer chemisch aktiven Struktur, die den Stoffwechsel dadurch antreibt, dass während des Abschreibens Variationen entstehen (essenzielle Fehler) und dass nur funktionierende Moleküle sich vermehren (Selektion).

Da ist er, der Big Bang des Lebens. Alles Weitere sind nur Details.

Zu dieser RNA-Welt-Theorie gibt es sehr, sehr viele kritische Arbeiten, es sind noch viele Fragen offen, aber die Argumente und die Befunde sind überwältigend. Heute noch gibt es viele Hinweise zu dieser RNA-Welt: Es gibt immer noch Viren, die ihre genetische Information auf RNA-Ebene speichern. Im Laufe der Evolution hat sich die DNA entwickelt, die der RNA sehr ähnlich, nur wesentlich stabiler ist und die Aufgabe der Informationsspeicherung übernommen hat. Wenn man etwas speichern will, sollte man stabile Bausteine nehmen, RNA ist dafür zu instabil.

I) Die Aufgabe der Biokatalyse haben im Laufe der Evolution Proteine übernommen, diese sind vielseitiger und können das viel besser. Aber heute noch werden Proteine durch RNA-Moleküle hergestellt. Diese wichtige Aufgabe hat die RNA immer noch. Die wichtigsten Maschinen in den Zellen, die Ribosomen, bestehen zum Großteil aus RNA, und diese sind es auch, die die chemische Reaktion zur Synthese der Proteine antreiben.

II) Unser allerwichtigster Energiespeicher und Transformator, das → ATP, ist ein RNA-Baustein. Die RNA hat also bis heute auch das Energieministerium der Zelle inne.

III) Wir finden noch jede Menge Fossilien aus der RNA-Welt in unseren heutigen Zellen.

Was hat diese Geschichte nun mit dem Thema dieses Buches zu tun, dem Wachstum und der Rettung der Welt? Warum dieser Ausflug in die RNA-Welt? Ganz einfach: Weil die RNA heute sehr viele regulatorische Aufgaben innehat, die das Wachstum von Zellen in Schach halten. Sowohl in Bakterien als auch in unseren menschlichen Zellen. Diese Kontrollfunktion hat sie noch immer, gemeinsam mit vielen anderen Molekülen. Die Kontrollfunktion ist eine so wichtige Aufgabe, dass sie nicht einer einzigen Klasse von Molekülen überlassen wurde. Teilung der Kontrolle ist so wie Teilung der Macht. Das Leben hat zwar viele gut organisierte Systeme, aber diese sind ziemlich demokratisch. So wie es in unserer Gesellschaft auch sein sollte.

Etwas, das mich immer erstaunt hat, ist, wie erfinderisch unsere Zellen sind, um zu verhindern, dass sie unkontrolliert wachsen. Wir in unserer Versessenheit auf »viel« und »schnell« sind darauf fixiert, dass alles wachsen muss, und das auch noch besonders rasch. Vor allem schneller als die anderen. Das hat ja seine guten Gründe: So wie wir Evolution verstehen, wird derjenige, der es schafft, sich mehr vom Kuchen zu ergattern, mehr Ressourcen zu haben, eher überleben. Aber wenn diese Ressourcen keinen Flaschenhals mehr darstellen, sondern es sowieso genug für alle gibt, dann bleibt die Frage, wonach wir streben sollen. Wir sind ja auf Kompetition trainiert. Wenn wir aber einmal erkennen, dass es Grenzen gibt, die auch nicht wirklich ein Problem darstellen, wenn wir uns rechtzeitig darauf einstellen, dann sollten wir diese Gier nach Überflüssigem überwinden. Wir merken auf einmal, dass wir irgendwie auf einer falschen Spur laufen. Also sollten wir auf eine andere Spur wechseln. Bloß auf welche?

Ich möchte Ihnen einige faszinierende Beispiele zeigen, wie die RNA die Aktivität der Gene reguliert – und somit das Wachstum der Zellen. Fast jeder Stoffwechselweg in der Zelle hat einen sogenannten → »Feedback Loop«. Hier ein Beispiel: Wenn in Bakterien eine bestimmte → Aminosäure oder ein Vitamin hergestellt wird und diese Synthese in mehreren Schritten abläuft, dann kann das System (die RNAs und die Enzyme, welche diese Reaktionen antreiben) die Konzentration des Endprodukts, der Aminosäure oder des Vitamins, messen. Eine dieser Bremsen, die das Wachstum kontrollieren, sind die → »Riboschalter«. In der RNA des ersten Schrittes der Synthese gibt es einen → RNA-»Sensor«, der das Endprodukt bei einer bestimmten Konzentration in der Zelle misst und das ganze System ausschaltet. Wenn die Konzentration wieder sinkt, schaltet sich das System von selbst wieder ein. Dieser Riboschalter ist eine RNA, die sich unterschiedlich faltet, in Abhängigkeit von der Konzentration des Endproduktes.

Solche Riboschalter können auch die Temperatur messen. Wenn es heißer wird, weil zum Beispiel das Bakterium aus einem Wasserbehälter in den menschlichen Körper gewechselt hat, dann schaltet der Riboschalter eine ganze Reihe von Genen ein, die das Bakterium nun zum Wachstum in der neuen Umgebung braucht. Diese Bakterien sind Weltmeister in ihrer Anpassungsfähigkeit und Flexibilität.

Ich frage mich: Ist das bei uns Menschen auch so? Können wir uns auch so leicht anpassen? Ja, dank der Epigenetik!

Über Genetik haben sich schon viele Gedanken gemacht, und das allgemeine Verständnis dafür ist ziemlich gut. Allen ist klar, dass man viele seiner Eigenschaften von den Eltern erbt. Verantwortlich dafür ist die DNA, die Trägerin unserer Gene. Mit der Weitergabe der DNA von den Eltern an die Kinder wird die ganze Information für die Herstellung eines Lebewesens an die nächste Generation weitergegeben. Jeder kennt die berühmte Doppelhelix, die Struktur der DNA. Was aber in den letzten Jahren an Wissen dazugekommen ist, beschreibt eine neue Ebene über der Genetik: die Epigenetik. Die DNA in unseren Zellen liegt nicht »nackt« vor, sondern ist an Proteine (Eiweiß) gebunden, welche die Gene mehr oder weniger stark verpacken. Unter Epigenetik verstehen wir den Verpackungsgrad und die Zugänglichkeit der Information auf der DNA, weil diese die Aktivität der Gene sehr stark beeinflusst. »Genetik« deshalb, weil die Information über den Verpackungsgrad bei der Zellteilung weitervererbt wird. Aber: Dieser Zustand ist nicht stabil und die Verpackung ist reversibel! Wenn sie nicht bei jeder Zellteilung nachgebessert wird, verschwindet die Information. Das ist der große Unterschied zur Genetik von Mendel. Ein genetisches Merkmal ist sehr stabil, ein epigenetischer Zustand nicht. Dieser kann leicht wieder gelöscht werden. Die Epigenetik dient also der schnellen Anpassung an die Umwelt.

Wenn die DNA mehr oder weniger verpackt wird, dann passiert das durch chemische Veränderungen an der DNA und an den Proteinen, die die DNA verpacken. Diese Veränderungen werden von speziellen Enzymen durchgeführt und müssen nach jeder Zellteilung erneut durchgeführt werden. Meistens sind diese Veränderungen kleine → Methylgruppen (CH_3-Gruppen), man nennt diese Reaktionen → Methylierungen. Man bezeichnet den Zustand der starken Verpackung, bei der die DNA unzugänglich ist, als stillgelegt,»silenced«, auch als Heterochromatin bekannt. Bei der Regulierung dieser Stilllegung spielen verschiedene RNAs eine Rolle. Diese signalisieren der Stilllegungsmaschinerie, wo sie die chemischen Veränderungen anheften sollen. Diese RNAs sind sehr vielfältig, sie können sehr kurz sein, dann nennt man sie → Mikro-RNAs, oder sehr lang, dann nennen wir sie → MakroRNAs. Während MikroRNAs ganz spezifisch an bestimmten Stellen wirken, können MakroRNAs sich über ganze Regionen der DNA legen und die Stilllegung großer Teile eines Chromosoms einleiten.

Was ich daraus lerne, ist, dass unsere Zellen auf Wachstumskontrolle eingestellt sind. Wir müssen erkennen, dass unser sich selbst ordnendes System nicht einfach größenwahnsinnig ist, sondern dass das richtige Maß gefunden werden muss. Wenn unsere RNA-Welt-Theorie stimmt, dann ist dies ein Lehrbeispiel von einem System, das von Anbeginn an das Leben hat entstehen lassen – und zwar auf eine kontrollierte Weise. Für die Kontrolle fast aller Schritte des Stoffwechsels der Gene haben wir RNA-Moleküle gefunden, die diese Schritte überwachen. Die RNA ist eine Meisterin in der Runterregulierung. Sie wacht über die Prozesse, welche in der Zelle ablaufen, um zu verhindern, dass sie zu stark und unkontrolliert wachsen. In Krebszellen, in denen diese Wachstumskontrolle gestört ist, sind auch viele RNAs in ihrer Aktivität gestört.

Die RNA, das Molekül des Lebens, begleitet mich. Und sie ist mir wie so oft eine Lehrmeisterin. Sie gibt mir Impulse, Ideen, die für das Leben wichtig sind. So wie diese Erkenntnis hier: Wachstum muss kontrolliert ablaufen! Die RNA zeigt uns, dass diese Kontrolle auf allen Ebenen stattfindet.

KAPITEL 7

Gene und Meme

Oder: Natur gegen Kultur

Wenn es Gott nicht gäbe, müsste man ihn erfinden.

→ Voltaire

Ein Mem. Was ist das? Woher kommt das? Es ist eine Idee, ein Konzept, ein Verhalten.

Der britische Evolutionsbiologe Richard Dawkins prägte den Begriff des Mems als eine kulturelle Einheit, die sich repliziert, sich verändert, verschwindet oder sich durchsetzt – Meme durchlaufen die Evolution. Ein Mem wird weitergegeben: Ist es eine brauchbare Idee, setzt es sich durch und entwickelt sich weiter. Das Wort Mem (englisch »meme«) ist ein Kunstwort. Etymologisch ist es dem englischen Wort »gene« nachempfunden. Der Wortstamm kommt aus dem Griechischen, »mimema«, und reflektiert die Verbreitung von Ideen durch Nachahmung. Vieles lernen wir einfach durch Nachahmung, ohne dass es uns bewusst ist.

Der Begriff Mem ist in seiner wissenschaftlichen Exaktheit umstritten. Gibt es das Mem wirklich als Einheit, als etwas Substanzielles, welches sich vermehren, verändern und vor allem → rekombinieren kann? Wo und wie sind diese potenziellen Einheiten gespeichert? Die Neurowissenschaften sind einfach noch nicht so weit. Wir verstehen noch zu wenig, wie das Gedächtnis funktioniert und wie unsere Gedanken und Verhaltensweisen entstehen

95

und gespeichert sind. Doch immer mehr Evolutionsbiologen beschäftigen sich mit dem kulturellen Phänomen des Mems, das entsteht, sich verändert und dann auch wieder verschwindet. Genau so, wie wir es von der Evolution kennen.

Genau so, wie wir es von unseren Genen kennen: Das Prinzip des »Gens« wurde von Gregor Mendel erstellt, obwohl er selber das Wort noch nicht verwendet hat. Gregor Mendel wollte verstehen, wie sich Eigenschaften von Eltern auf Kinder übertragen, und er hat dafür Pflanzen als Versuchsobjekte verwendet. Mit seinen berühmten Erbsenkreuzungen fand er heraus, dass von Eltern auf Kinder ein »Faktor« weitergegeben wird: das Gen.

Das Gen ist die biologische Einheit der Evolution, die von Generation zu Generation weitergegeben wird. Die sich fast identisch vermehrt, aber eben nur fast, und sich mit ihresgleichen vermischt. Gene vermehren sich fast identisch, aber doch treten Fehler auf, die wichtig sind für die Vielfalt. Daher gibt es Gene für die gleiche Funktion in mehreren Variationen. Das Gen unterliegt den Gesetzen der Evolution, die bewirken, dass sich Veränderungen, die sich positiv auf das Leben auswirken, selektiert werden und sich weiterentwickeln. Werden die Eigenschaften nicht verwendet, können sie »stumm« werden und dann auch verschwinden oder sich zu einer anderen Funktion entwickeln. Biologische Evolution. → Darwinismus.

→ »Dawkinismus« könnte die analog dazu verlaufende Weitergabe der Meme heißen. Ein Mem ist ein einzelner Bewusstseinsinhalt, etwa ein Gedanke, der durch Kommunikation weitergegeben und damit vervielfältigt wird. Meme sind Verhaltensweisen, die sich durch Nachahmung verändern und verbreiten. Genau wie Gene entwickeln sich Meme weiter. Brauchbare überleben, unbrauchbare sterben aus.

Ohrwürmer. Der Weihnachtsmann. Epische Lieder, die wichtig waren für die Überlieferung der Geschichte. Gesundheitsratschläge wie »Du darfst nach dem Essen eine Stunde lang nicht schwimmen gehen« (dieses Mem hat mich in meiner Kindheit viele Stunden Wartezeit gekostet, denn bei meiner Mutter dehnte es sich auf mindestens zwei Stunden aus). UFOs. Verschwörungstheorien. Markennamen und die damit verbundenen Wertgefühle. Ober glauben Sie wirklich, dass Louis-Vuitton-Taschen toller sind und Rolex-Uhren einen besseren Mann ausmachen? Es gibt unendlich viele Meme.

Darunter geniale Meme, die uns total verändert haben. Die die Welt verändert haben: Das Sein. Die Zeit. Nichts. Die Zahl → Null. Gott.

Diese Meme haben unser Verhalten beeinflusst und uns dazu gebracht, Dinge zu tun und uns bestimmte Verhaltensweisen anzueignen. Gott ist wahrscheinlich das wichtigste Mem. Gott ist eine Idee. Das ist eine klare Aussage, da würde sogar Wittgenstein zustimmend nicken. Und sogar klassische Philosophen, die sich endlos über Begriffe streiten, bevor sie eine Aussage mit Inhalt füllen können. Und Voltaire sagte: »Wenn es Gott nicht gäbe, müsste man ihn erfinden.« Ich finde auch, dass es das genialste, das wichtigste Mem ist, das wir Menschen uns ausgedacht haben. Gott ist eine sehr brauchbare Idee. Mit dieser Idee konnten Staaten gemacht, Ordnung in Gesellschaften gebracht, Kriege geführt werden. Vor allem kann man damit Angst erzeugen. Der strafende Gott. So eine bösartige, geniale Erfindung! Er sieht alles, er straft, er nimmt Einfluss auf das Geschehen. Jeder fürchtet sich davor. Gottesfurcht ist auch so ein Mem. Eine Erfindung, die enormen Einfluss auf das Verhalten der Menschen gehabt hat und leider immer noch hat.

Auch die Zahl Null ist ein geniales Mem, eine geniale Idee. Die Römer hatten sie nicht. Und sind mir ihrem Rechnen nicht wirklich weitergekommen. Die Araber haben die Zahl Null wahrscheinlich aus Babylonien oder Indien übernommen, und sie hat sich als unheimlich brauchbar entpuppt und durchgesetzt – um zu rechnen.

Genau wie das »Nichts«. Nichts ist eine Idee, keiner kann sich konkret etwas darunter vorstellen: Ein schwarzer Raum? Ein Quantenvakuum? Stell dir nichts vor! Was ist nichts? Aber als

Idee ist es wichtig. Für die Physiker ist das »Nichts« alles! Das Sein pendelt rund um das Nichts. Kurze Momente des Nicht-Nichts. Das Sein ist instabil, wir kamen aus dem Nichts und gehen in das Nichts. Dann kommt wieder etwas anderes.

Daraus erkennen wir, was wir bedeuten: nicht wirklich viel. Aber wir können uns einfach freuen, dass wir zufällig gerade in diesem Moment und an diesem Ort kurzfristig das Nichtsein verlassen haben. Dass gerade uns dieses unwahrscheinlich seltene Glück zugestoßen ist. Ist das nicht ein wunderbarer Gedanke?

Auch die Zeit könnte ein Mem sein. Ist sie Realität? Oder nur eine subjektive Wahrnehmung? Das Konzept Zeit hat sich dermaßen in unser Verhalten eingeprägt, dass wir (sinnloserweise) so gut wie alles nach ihr richten. Die Leute wollen immer mehr auf Zeit machen. Schneller statt genussvoll. Alles nach der Zeit richten. Wie oft schauen Sie am Tag auf die Uhr? Ist es schon Zeit aufzustehen? Essen zu gehen? Schlafen zu gehen? Es ist schon eine geniale Erfindung, ein geniales Mem, ohne das wir nicht mehr auskommen. Die Zeit hat enorm viel ermöglicht: Wir können uns synchronisieren, ohne dass wir miteinander verbal kommunizieren müssen. Die Natur hat sich viel einfallen lassen müssen, um Lebewesen zu synchronisieren; wir verwenden dazu einfach die Uhr. Das leuchtet jedem ein, dass das evolutionäre Vorteile bringen kann.

Das Sein ist ein Mem. Wir »sind« nie, weil wir uns ständig verändern und nie fertig sind. Und immer wieder auflösen!

Es gibt unendlich viele Meme, kulturelle Einheiten, Ideen, die sich weiterentwickeln. Die guten werden selektiert – Evolution pur.

Als der Urmensch sich zum Homo sapiens entwickelte, waren es seine Meme, die ihm evolutionäre Vorteile verschafften. Welches Mem steckt hinter der Erzeugung von technologischen Neuheiten? Warum produziert man ein Telefon oder ein Handy? Was ist die Idee dahinter? Der Wille zu kommunizieren. Ich habe ein extrem starkes Kommunikationsbedürfnis. Deshalb schreibe ich Bücher und halte Vorlesungen. Ich könnte ja auch nur für mich nachdenken. Aber ich will es jemandem anderen erzählen. Denn dann

→ evolvieren meine Ideen auch. Der andere versteht sie in einer variablen Form und gibt sie weiter. Und das Schöne dabei ist, dass man Meme weitergeben kann, ohne sie zu verlieren. (Manche lassen ihre Meme patentieren, damit sie nicht gestohlen werden können.)

Ich möchte aufzeigen, wie sehr unsere Meme, unsere Ideen, unsere kulturellen Errungenschaften unsere Gene beeinflussen, denn: Sie verändern unsere Fitness. Sie bringen uns einerseits einen evolutionären Vorteil, aber sie können sich auch negativ auf unsere Fitness auswirken.

Laut Darwin funktioniert die Evolution so, dass es eine genetische Vielfalt gibt und ständig neue Varianten dazukommen. Jene Varianten, die fit genug sind, um die Hürden der Umwelt zu bestehen, setzen sich durch.

Dies ist ein sehr heikles wissenschaftliches Thema: Wie beeinflussen unsere kulturellen Errungenschaften die Aktivität unserer Gene? Dafür gibt es noch nicht viele gut untersuchte Beispiele. Ein Beispiel ist aber weithin bekannt: Die Tatsache, dass der Mensch Kühe domestiziert hat und wir unser Leben lang Milch trinken können, hat das Gen, das die Verdauung des Milchzuckers kodiert, aktiviert gelassen. In Kulturen, in denen keine Kuhmilch getrunken wird, etwa in der chinesischen, legt sich dieses Gen still, sobald das Baby abgestillt wird. So einfach ist es. (Und wenn eine internationale Molkerei heute Milchprodukte nach China exportiert, behandelt sie die Milch vorher mit dem Enzym Laktase – so wird die Milch milchzuckerfrei.)

Zweitausend Jahre lang ist die Weltbevölkerung nicht gewachsen. Der Selektionsdruck war offenbar so groß, dass sich der Mensch nicht durchsetzen konnte. Lebewesen sind ständig unter Druck, von allen möglichen Seiten. Jene Varianten, die diesem Druck standhalten, überleben. Andere sterben aus und verschwinden. Ein ganz einfaches Beispiel: Es gibt eine fürchterliche Epidemie mit einem Bakterium, das ein tödliches Toxin produziert, zum Beispiel die Pest. Oder ein schlimmes Virus rafft die Menschen dahin, etwa das → HI-Virus. Nach einer bestimmten Zeit, wenn nicht alle Menschen sterben, bleiben einige übrig, von denen ein Großteil immun gegen die Krankheitserreger geworden ist. In den Varianten haben sich Mutationen durchgesetzt, die resistent gegen den Erreger sind. Infektionskrankheiten sind nach wie vor die häufigste Todesursache weltweit, wahrscheinlich waren sie es auch diese zweitausend Jahre lang, als die Menschheit nicht wachsen konnte: Sie haben die Menschheit daran gehindert, stark zu wachsen, sich durchzusetzen. Man wusste ja gar nicht, was Bakterien oder Viren sind.

Nun haben wir Menschen eine ganz andere Strategie zusätzlich zum körpereigenen Immunsystem entwickelt. Wir haben kulturelle Errungenschaften dazu verwendet, um Krankheiten zu bekämpfen. Das ermöglicht vielen Menschen zu überleben, die sonst keine Chance gehabt hätten. Dies ist eine bedeutende kulturelle Errungenschaft des Menschen: die Entdeckung des Immunsystems und der Antibiotika. Diese wenden wir an, um uns einen evolutionären Vorteil zu verschaffen. Wir können dadurch die krankheitserregenden Bakterien, die uns zuvor noch weggerafft hätten, ausschalten. Durch die Entdeckung von Bakterien und das Verständnis, wie sie funktionieren, durch dieses neue Wissen wurde es möglich, viele Menschen vor ihnen zu schützen. Oft allein schon durch das Händewaschen, zum Beispiel bevor Ärzte den Kreißsaal betreten.

Eine andere Errungenschaft ist das → Impfen. Impfungen machen Menschen resistent gegen Viren. Wenn die Durchimpfungsrate sehr hoch ist, wenn über 90 % der Bevölkerung geimpft sind, kann das Virus sich nicht mehr vermehren und stirbt aus. Weil zu wenige Wirte für das Virus da sind. Die Ausrottung der Pocken ist so eine tolle Erfolgsgeschichte. 1980 hat die → WHO die Erde für pockenfrei erklärt! Und dann gibt es wirklich noch Leute, die Impfungen verweigern! Weil sie nicht verstanden haben, welchen Vorteil diese bringen. Natürlich, wenn eine Impfrate von 90 % den Erreger ausschaltet, dann können 10 % sich das Impfen ersparen. Aber ist das nicht eine egoistische, asoziale Haltung? Das Gegenteil von Altruismus.

Ich glaube, das zentrale Mem, das zur Bevölkerungsexplosion geführt hat, war, dass der Mensch gelernt hat, hygienisch zu arbeiten: sauberes Wasser zur Verfügung zu stellen, Milch zu pasteurisieren, Dinge zu kochen, krankheitserregende Bakterien umzubringen und Nahrungsmittel dadurch haltbar zu machen.

Die Liste der kulturellen Leistungen, die uns das Überleben leichter gemacht haben (und machen), ist schier endlos: Kleider, die uns vor Kälte und Sonne schützen. Feuer, um Nahrung zu kochen. Maschinen, um die Produktion von Nahrungsmitteln zu steigern. Häuser, die uns vor der Witterung schützen. Autos, die uns schneller reisen lassen. Heizungen, die uns vor der Kälte schützen. Hometrainer, damit wir das Haus nicht mehr verlassen müssen, um uns zu bewegen. Alle diese Dinge helfen uns, den Umweltstress besser zu überwältigen.

Was ist die Konsequenz?

Menschen, die eigentlich nicht so fit sind, überleben und vermehren sich. Wie viele von diesen sieben Milliarden Menschen, die heute auf der Erde leben, könnten eigentlich nicht leben, wenn wir nicht alle unsere kulturellen und technologischen Errungenschaften – unsere weit entwickelten Meme – hätten? Schalten wir dadurch die evolutionäre Selektion aus?

Wir brauchen inzwischen diese kulturellen Tricks, um zu überleben. Und darunter leidet unsere Fitness. Denn: Können wir heute noch ohne Kleidung, ohne Strom, ohne Feuer, ohne Häuser überleben? Wie viele Frauen können noch ohne Hilfe gebären?

Kultur gegen Natur.

Wie wird der Mensch weiter evolieren, wenn er immer mehr technische Errungenschaften hat? Und davon abhängig wird. Das GPS. Früher haben wir Landkarten gelesen. Wir haben auf der zweidimensionalen Karte geschaut, wo wir uns befinden und wohin wir möchten und dies in den dreidimensionalen Raum übersetzt. Heute gibt es das nicht mehr, wir schauen auf den kleinen Bildschirm unseres Navigationssystems (eine Cyberhöhle!) und folgen den Anweisungen. Wir müssen uns nicht mehr im

Raum orientieren können, um uns von A nach B zu bewegen. Wir verlernen die Fähigkeit oder erlernen sie gar nicht mehr. Wir gehen mit dem GPS wandern! Als in Japan ein Satellit ausgefallen ist, haben tausende Menschen nicht mehr nach Hause gefunden. Der Mangel an Orientierung wäre sicher eine Eigenschaft, die evolutionär einen Nachteil mit sich bringt. Dank der technischen Errungenschaften ist diese aber nicht mehr relevant.

Es sind genau diese Dinge, kleine technische Errungenschaften, die es uns möglich machen, etwas zu tun, das wir eigentlich nicht selber können. Das ist angenehm. Aber wir übersehen, was wir dadurch alles verlernen und wie diese technischen Errungenschaften uns unfit machen. Autos, Rolltreppen, Lifte. Die meisten von uns können nicht mehr richtig Stiegen steigen. Früher war es selbstverständlich. Man hat einfach die Kraft gehabt. Wir ändern uns körperlich und passen uns an unsere neuen Lebensgewohnheiten an.

Die Schrift! Wir schreiben kaum mehr mit der Hand. Es wäre interessant zu sehen, wie in ein, zwei Generationen die Menschen schreiben werden. Lernen die Kinder dann überhaupt noch, mit der Hand zu schreiben? Oder wird man nur noch tippen? Und das Rechnen? Die Fähigkeit, schnell und korrekt ohne technische Hilfsmittel zu rechnen, ist nicht mehr notwendig. Auch Gedächtnisübungen sind aus der Mode gekommen. Das ändert unsere Fingerfertigkeiten, unsere Fähigkeit, im Kopf zu rechnen – und unser Gedächtnis.

Die Brille ermöglicht uns bis ins hohe Alter zu lesen. Man denke an die medizinischen Errungenschaften: das Insulin für Diabetiker, der Faktor VIII für Bluter, das Wachstumshormon und vor allem die Errungenschaften der Reproduktionsmedizin. Unser Wille zu überleben hat uns sehr weit gebracht.

Wir haben all diese Errungenschaften, die uns im Endeffekt helfen, uns zu vermehren. Aber jetzt sind wir ja genug Menschen. Das heißt: Es geht eigentlich gar nicht mehr ums individuelle Überleben. Es geht um das kollektive Überleben. Wir sterben ja nicht demnächst aus, weil wir zu wenige sind. Wir sind zu viele. Bremsen wir uns aus eigenem Willen ein – oder lassen wir es darauf ankommen, dass die gleichen Selektionskriterien wie im Mittelalter uns wieder dezimieren? Dass wir weniger werden müssen, ist klar, fragt sich eben, wie es ablaufen wird. Die Selektionskriterien, die in Zukunft auf uns zukommen: Welche werden es sein?

Welche Eigenschaften wird der Mensch brauchen, um in Zukunft zu überleben?

Vor ein paar hundert Jahren mussten die Männer noch jagen können und die Frauen Kinder gebären. Aber jetzt? Es wird wahrscheinlich etwas anderes verlangt werden. Welche Eigenschaften und Fähigkeiten, die wir haben, gehen wirklich verloren? Es würde mir unheimlich Spaß machen, einen Menschen zu treffen, der vor viertausend Jahren gelebt hat, und zu sehen, was er für Fähigkeiten hatte. Ein Mensch, der noch eher unzivilisiert lebt, der der Natur voll und ganz ausgeliefert ist. Dem Druck der Evolution.

Der Mensch hat es kurzfristig geschafft, die Evolution auszutricksen. Wir weichen dem Selektionsdruck aus. Durch unsere Ideen, unsere Meme. Wir brauchen sie, um zu überleben. Genau wie die Sprache. Die Sprache ist eine sehr bedeutende kulturelle Errungenschaft.

Ich habe im Internet ein Video entdeckt, einen Amateurclip, der im Kruger-Nationalpark in Südafrika spielt. Touristen beobachten eine kleine Gruppe Büffel, die von einigen Löwinnen belauert wird. Als ein Büffeljunges sich von der Herde löst, attackieren die Löwinnen es, sie versuchen es mitzureißen, mit ihren Pfoten festzuhalten. Die Büffel weichen erschrocken zurück, im ersten Moment sieht es so aus, als würden sie das Junge opfern und den Rückzug antreten. Doch nur eine Minute später kommen die Büffel zurück, dieses Mal die ganze riesige Herde! Sie bedrohen die Löwinnen und schaffen es tatsächlich, das Büffeljunge zurückzuerobern.

Ich frage mich: Wie haben diese Tiere in kürzester Zeit eine ganze Armee aufgestellt? Ohne Sprache. Wie kommunizieren die Büffel? Wie haben sie sich auf eine Strategie festgelegt, um die Löwinnen auseinanderzutreiben? Wie teilen sie den anderen mit: Da sind Löwinnen, die greifen unser Baby an, los, wir müssen es befreien! In weniger als einer Minute! Ist das nicht genial?

Diese Fähigkeit, die die Büffel haben, nur mit Körpersprache und Blicken zu kommunizieren, ist uns zum Großteil verloren gegangen (weil sie evolutionär nicht mehr notwendig ist). Wir Menschen, die wir so toll sind mit unserer Sprache – welchen Aufwand wir eigentlich betreiben, um zu kommunizieren! Dabei hätten wir diese Fähigkeit zur nonverbalen Kommunikation heute noch in uns. Ich glaube, dass wir noch sehr viel ohne Sprache kommunizieren. Aber wir sind uns dessen nicht wirklich bewusst. Die Körpersprache wird als → Esoterik beschmunzelt, als nicht wirklich ernst zu nehmende → Pseudowissenschaft. Ich glaube aber, dass da sehr viel ist, das noch nicht bis zu unserem Bewusstsein vorgedrungen ist.

Wir können Dingen erst einen Namen geben, wenn wir uns der Sache bewusst sind. So wie Mendel, als er die Gene entdeckt hat. Er musste sehr genau beobachten und es beschreiben. Und dann auch benennen.

Es ist eine Frage der Wahrnehmung. In dem Moment, in dem man etwas erkennt, es beschreibt und ihm einen Namen gibt, kommt es ins Bewusstsein. Viele Dinge sind da, man nimmt sie aber nicht bewusst wahr. Man schafft es nicht, sie zu definieren und zu benennen. Warum macht man das nicht viel öfter? Ich wundere mich, warum wir in den letzten zweitausend Jahren so wenige neue Begriffe geschaffen haben. Es entstehen zwar ständig neue Wörter wie Telefon, Television, etc. – aber das sind doch alles alte griechische Begriffe. Wir haben kaum neue Begriffe. Die alten Griechen hatten schon sehr viele Wörter und Begriffe gefunden, und in den letzten Jahren ist wenig Neues dazugekommen. Auch für unsere neuen wissenschaftlichen Entdeckungen finden wir oft alte griechische Bezeichnungen. Zum Beispiel hatten unsere antiken Vorfahren schon Begriffe für den krankhaften Tod, Nekrose, und den kontrollierten Tod, Apoptose. Das finde ich sehr bemerkenswert bei den alten Griechen.

Sprache ist ein Super-Mem, eine typische kulturelle Errungenschaft, die uns sehr viel ermöglicht. Die uns sehr viel weiter bringt. Ich will die Sprache nicht heruntermachen, aber es ist ganz klar, dass wir sehr viel verlieren, wenn wir uns zu sehr auf die Sprache beschränken – und vor allem, wenn wir die Unexaktheit der Worte, die teilweise vorhanden ist, nicht bedenken.

Was geht uns alles durch unsere Sprache verloren?

Es sind sicherlich einige der vielen Ebenen der Kommunikation, die verloren gehen, wenn wir uns zu sehr auf die Sprache konzentrieren. Wenn wir durch E-Mails, SMS oder Facebook nur noch das Wort haben, aber nicht mehr den Klang der Stimme oder den Blick (dafür müssen die »Smileys« ersatzweise herhalten). Dabei wären diese Faktoren ganz wichtig für die Interpretation und die Kommunikation des Inhaltes. Da sitzen wir wieder in unserer Höhle.

Die Sprache ist natürlich sehr, sehr wichtig, um unsere Meme in Bewegung zu setzen!

Eine besonders schnelle Verbreitung erfahren »Internet-Memes«, teilweise inhaltslose Ideen, die ins Netz gestellt werden und von anderen Usern verändert und weitergegeben werden. Es gibt Millionen davon! Leute haben eine Idee und stellen das irgendwie im Internet dar, die ursprüngliche Idee evolviert – jemand kann sie aufgreifen, sie weiterentwickeln, oder die Idee verschwindet eben wieder. Das absolute Sieger-Internetmem der letzten Jahre ist der »Gangnam Style« mit über 1,7 Milliarden Klicks in circa einem Jahr. Wer das nicht kennt, muss es auf YouTube anschauen. Und wird sich wundern. Und sich wahrscheinlich fragen, welche Botschaft da transportiert wird. Ein Mem, das nicht so leicht in Worte verpackt werden kann. Reine Nachahmung ist da im Gange. Transportiert wird aber sicherlich viel mehr.

Ein weiteres Super-Mem ist: das Ziel, die Menschen zu retten!

Anders als die Internet-Memes gibt es Meme, die uns komplett einnehmen, Super-Meme.

Das »Ziel«. Ich denke, die Idee, ein Ziel zu haben, ist ein solches Super-Mem. Das war und ist weiterhin ein Super-Motor für die

Evolution, weil es die Menschen motiviert und in Bewegung setzt. Die Evolution ist ja nicht gerichtet, sie hat kein Ziel. Wir Menschen wollen aber eines. Und unsere Zielstrebigkeit hat uns weit gebracht, sie ist wirklich ein Motor für unsere Kreativität. Aber was ist das für ein Ziel?

Unser Ziel sollte es sein, zu definieren, wie wir leben wollen. Ob weiterhin eine Population auf Kosten der anderen leben sollte, sich die Menschen gegenseitig umbringen, es einen Wettbewerb unter den Menschen gibt. Oder ob wir uns nicht vielmehr als Ziel, als Super-Mem, setzen sollten, gemeinsam darauf zu schauen, dass die Menschen überleben – dass wir den Planeten nicht umbringen, indem wir ihn ausbeuten.

Es scheint eine Charakteristik unseres Zeitgeistes zu sein, Ziele zu haben. Als ich jung war, wurde ich nie mit Zielen oder Projekten gequält. Heute wird jeder junge Mensch gefragt:»Wo willst du in fünf Jahren sein, was ist dein Ziel?« Man verlernt, die Probleme und Anforderungen der Gegenwart wahrzunehmen. Weil man geblendet seinem Ziel nachstrebt. Und man verlernt dadurch, die Gegenwart zu genießen und in ihr zu leben. Ohne Zeitdruck.

So sehe ich den Zeitgeist, der uns momentan umgibt: Alle wollen unheimlich schnell sein, schnell ans Ziel kommen. Aber niemand weiß, was das Ziel überhaupt ist und ob dieses Ziel es eigentlich wert ist, angestrebt zu werden.

Ich finde es auch interessant, was viele Religionen als Ziel definiert haben: den Jüngsten Tag, das Jüngste Gericht, das Leben nach dem Tod, das Paradies. Man lebt vollkommen anders, wenn man sagt: Nach dem Tod ist es aus. Wir dürfen nicht etwas als Ziel für unser Leben setzen, das es nicht gibt – denn das Leben nach dem Tod ist auch nur ein Mem. Ein selbsttäuschendes Mem.

Deswegen mehren sich in der letzten Zeit die Aufforderungen, einmal stehen zu bleiben und nachzudenken! Was ist unser Ziel? Wer wollen wir sein?

Ja, wer wollen wir sein? Das ist eine wirklich gute Frage!

Können wir als Menschen durch eigene Erkenntnis definieren, was unser Ziel ist? Brauchen wir ein Ziel? Nur weil es evolutionär erfolgreich ist, heißt das ja nicht, dass wir es weiterhin wollen (siehe Kapitel 9). Ja, wir brauchen ein Ziel, um Handlungsanleitungen für die Zukunft zu finden!

Dieses Ziel muss etwas sein, das sich ständig ändern kann – viele Menschen werden unterschiedliche Ziele haben. Und das Ziel für die gesamte Menschheit ist sicher ein ganz anderes als einzelne Ziele für das Individuum. Es ist spannend, dass es Gesellschaften gibt, in denen das Individuum über der Gemeinschaft steht: In unserer westlichen Gesellschaft wird kein Individuum zum Wohl der Gesellschaft geopfert. So steht es wenigstens in unseren Verfassungen. In anderen Gesellschaften ist das sehr wohl so. Da muss sich das Individuum unterordnen. Das ganze Verhalten muss sich dadurch komplett ändern!

Irgendwo in der Mitte muss ein möglicher Weg liegen. Denn das Individuum ist sehr wichtig. Das hat sich so evolviert, evolutionär behauptet, weil man sein »Ich« propagieren will und kann, indem man sich vermehrt und indem man seine Meme verbreitet. Das spornt die Menschen an und ist erfolgreich. Und der Mensch ist ein soziales Wesen, als Einzelner viel zu schwach und in der Gruppe stärker: Die Gruppe ist mehr als die Summe der Einzelnen. $1 + 1 > 2$. Und so wie es in der Bakterienkultur (siehe Kapitel 5) Altruismus gibt, sich einzelne Bakterien zum Wohl der Gemeinschaft opfern und dadurch ein evolutionärer Vorteil für die Gruppe entsteht, hat sich so ein Verhalten evolutionär durchgesetzt, weil es eben für die Gruppe von Vorteil ist. Und wir müssen erkennen, dass manche Verhaltensweisen einfach notwendig sind, um uns als Menschheit durchzubringen. Etwa darauf zu achten, wie viele Ressourcen wir verbrauchen.

Unsere Meme, unsere kulturellen Errungenschaften, unsere Ideen machen es uns möglich, unsere evolutionären Nachteile zu überwinden. Deswegen überleben wir heutzutage wesentlich besser. Unsere Meme werden immer dominanter. Womöglich verändern sich unsere Meme viel schneller als unsere Gene. Unsere Kultur wird immer dominanter. Und unsere Biologie wird in den Hintergrund gedrängt. Unser imperfekter Körper verliert an Bedeutung. Perfektionismus ist auch so ein ödes Mem, das aber evolutionär von Vorteil ist. Dabei sind Fehler so wichtig.

Man sucht sich heute den Vater seiner Kinder auch nicht mehr nach seinen körperlichen Voraussetzungen aus, sondern nach seinen Ideen, den Sichtweisen, dem Kulturellen. Nach seinem Parfum, nicht mehr nach seinem Körpergeruch. Nach seiner Kleidung, nicht mehr nach seinem Körper. Womöglich sogar nach seinem Auto!

Die Kultur dominiert immer mehr die Natur.

Dawkinismus gegen Darwinismus.

Memetik gegen Genetik.

Und über allem steht immer wieder die Frage: Woher kommt diese Entwicklung? Ist es Zufall? Sind wir gesteuert? Ist es unsere kulturelle Entscheidung, unser freier Wille?

Der freie Wille – er ist auch ein Mem. Ihm widme ich das nächste Kapitel.

KAPITEL 8

Der freie Wille

Oder: Wie viel Freiheit haben wir?

*Wir wissen nicht, was wir wollen, und doch sind wir dafür
verantwortlich, was wir sind. Das ist eine Tatsache.*

Jean-Paul Sartre

Dieses hier ist das wichtigste Kapitel, denn mit ihm steht oder fällt
dieses Buch. Wir wollen eine Anstiftung zur Rettung der Welt in
unseren Händen halten. Und wir möchten andere dazu anregen,
darüber nachzudenken, was wir wollen. Wir wollen wissen, welche
Handlungen dazu nötig sind. Und hier und jetzt müssen wir darüber nachdenken, ob unsere Handlungen überhaupt etwas bewirken
können. Wenn wir die Freiheit zu handeln nicht haben. Wenn wir
keine Freiheit haben, zu entscheiden. Wenn alles vorbestimmt ist.
Wenn wir zu dem Schluss kommen, dass wir gar keinen freien Willen haben, dass der freie Wille eine Illusion ist, es ihn gar nicht gibt:
Dann können wir dieses Buch jetzt zuklappen und verschrotten.

Zuerst muss ich aber einmal definieren, was ich unter »freiem
Willen« verstehe. Mir geht es nicht um diese schnellen, beinahe
reflexartigen Entscheidungen, ob ich einen Knopf drücke oder
nicht, einen Schalter nach rechts oder nach links bewege. Mir geht
es darum, ob der Mensch imstande ist, nach reiflicher Überlegung
eine Entscheidung zu treffen und dafür die volle Verantwortung zu
tragen. Alles andere ist für mich irrelevant. Eher ein kokettes Spiel.

Es gibt drei Möglichkeiten.
Erstens: Wir Menschen sind eine willenlose Herde, die leicht zu manipulieren ist. Die in einer Art → religiöser Demenz oder in ideologischer Bevormundung durch ein diktatorisches Regime lebt. Dann werden ein paar wenige Menschen und ein Super-Mem alle anderen beherrschen können. Und wenn diese paar Menschen keinen Anlass sehen, die Welt retten zu müssen, sondern kurzsichtige Egoisten sind, dann können wir uns ausmalen, was bald mit der Menschheit passieren wird.

Oder zweitens: Unser Instinkt lässt uns das machen, was die Evolution in uns festgelegt hat.

Oder drittens: Wir Menschen sind, wenn wir gebildet sind, in der Lage, kritisch zu reflektieren und selbstständig Entscheidungen zu treffen, auf Basis ausreichender Informationen. Und uns liegt etwas daran, dass die Menschheit noch lange lebt und gedeiht.

Eines ist klar: Das erste Szenario hätte die Evolution längst ausgelöscht. Wer keinen Willen hat zu leben und zu überleben, der wird von der Evolution eliminiert. Das ist das Naturgesetz der Evolution. Oder der Mensch wird gezwungen zu leben und erkennt nicht, dass er den freien Willen hat, nicht leben zu müssen. Das Mem der Hölle hat hier auf geniale Weise dafür gesorgt, dass die Angst vor ihr den Menschen daran hindert, sich selbst umzubringen. (Oder weil ihm versprochen wurde, dass 70 Jungfrauen im Himmel warten. Aber dieses Verhalten eliminiert sich ja evolutionär ohnehin selbst.)

Das zweite Szenario – unser Instinkt lässt uns das machen, was die Evolution in uns festgelegt hat – ist eigentlich auch klar und leitet sich aus ebendiesem Naturgesetz der Evolution ab.

Bleibt die dritte Möglichkeit, und sie enthält nun die spannende Frage: Können wir aus eigenem Willen und eigener Entscheidung unsere eigene evolutionäre Entwicklung bestimmen? Ist das Wunschdenken? Oder Tatsache? Das ist der atemberaubende Gedanke: dass es vielleicht möglich wird, dass die Evolution uns so weit bringt, zu erkennen, dass wir diesen freien Willen haben. Und nicht nur das. Auch dass wir bestimmen können, wie wir uns weiterentwickeln wollen. Doch darauf folgt sogleich die kalte Dusche: Ob wir wollen oder nicht, wir sind dafür verantwortlich, wie wir uns weiterentwickeln.

Diese Gedanken sind kreisförmig: Wir erkennen, dass es uns gibt, dass wir sterblich sind, dass wir uns weiterentwickeln, dass wir einen Einfluss darauf haben, wie wir uns entwickeln, dass es so etwas wie einen Willen gibt, dass wir Entscheidungen treffen können, und dass wir Entscheidungen treffen müssen. Und schon ist dieses Mem »freier Wille« wieder zunichtegemacht. Denn wenn wir überleben wollen, müssen wir etwas tun. Ja: müssen!

Sobald einem klar wird, wie Evolution funktioniert und wie sich Eigenschaften entwickeln, wird auch klar, dass die Frage nach dem freien Willen obsolet wird. Es ist eine falsch gestellte Frage, denn in der biologischen Evolution ist nichts determiniert. Wenn wir einen freien Willen wollen und ihm die Gelegenheit bieten, sich zu entwickeln, dann wird er das auch tun. Wenn die Menschheit lieber als Herde getrieben werden will, dann wird dem auch so sein. Aus eigener Entscheidung.

In welchem Zustand befindet sich unsere Gesellschaft? Sind wir Menschen eine willenlose Herde oder können wir reflektierte Entscheidungen treffen?

Weder das eine noch das andere kann angenommen werden, denn Eigenschaften evolvieren sich gemäß den Rahmenbedingungen. Wenn Menschen über Jahrtausende dement gehalten werden, es ihnen verboten ist, die Früchte vom Baum der Erkenntnis zu essen, dann wird es so sein, dass sie diese Fähigkeit nicht erlernen und auch nicht erlernen werden. Weil in der Evolution Dinge dann entstehen, wenn sie die Möglichkeit dazu haben und es die Notwendigkeit gibt, dass sie entstehen. Wenn also Menschen über Jahrtausende – oder auch kürzer – lernen müssen, kritisch zu denken, die Sinne zu schärfen, dann wird sich diese Eigenschaft auch evolutionär durchsetzen. Und jetzt sind wir in solch einem Zustand: Wir müssen Rezepte finden, wie wir als Menschheit überleben können.

Wenn wir das erkennen, dass es keinen → Determinismus gibt, dann folgt sofort, dass wir Menschen sehr wohl die Möglichkeit haben, uns selbst zu entscheiden, wie wir weiter evolvieren wollen. Jedoch nur auf einem ziemlich eingeschränkten Spielfeld. Wir sind das Produkt der Evolution. Über Jahrmilliarden ist diese Evolution natürlich, ohne unser bewusstes Zutun abgelaufen. Durch eine schier unermesslich hohe Zahl von zufälligen Einzelereignissen aus einer unendlich hohen Anzahl möglicher Ereignisse. Das was funktionsfähig war und sich bewährt hat, hat überlebt und sich vermehrt. Und irgendwann ist der Mensch erwacht, es kam die Aufklärung und dann erkannte er, dass es so etwas wie einen Willen gibt. Der Mensch entdeckt seine Kreativität, und sein Wissen wird so bedeutend, dass er etliche Kriterien der natürlichen Selektion überwindet und beginnt, exponentiell zu wachsen.

Jetzt sehen wir langsam den Zusammenhang all dieser Ereignisse. Mit jedem Ereignis, das positive Folgen hatte, die sich in uns als Eigenschaft festlegt haben, eröffneten sich neue Möglichkeiten. Und so hat sich die Entwicklung des freien Willens gemeinsam mit dem Wunsch zu leben bewährt. Und die Erkenntnis, die wir jetzt haben, ist: wie stark der Einfluss des Menschen auf seine eigene Evolution war, ist und immer stärker wird. Auch dieser Prozess ist ein kontinuierlicher. Und langsam dämmert uns, dass wir unsere Entwicklung aus eigener Kraft und aus eigenem Willen sehr stark beeinflussen können. Sowohl unsere geistigen als auch unsere körperlichen Fähigkeiten. So wie man durch Training seinen Körper beeinflusst, so wird man auch sein Gehirn durch seinen Willen schulen können. Und das wird uns immer stärker bewusst, wie in einem langsamen Erwachen.

Wenn die Menschen die Gelegenheit haben, gebildet zu sein und nachzudenken, dann wird diese Eigenschaft evolvieren. Ohne zu starken Selektionsdruck!

Das ist der Mensch! Einer, der erkannt hat, dass er für seine Evolution verantwortlich ist.

Und das ist es, was ich will: dass die Menschen erkennen, dass dem so ist!

Bis zur Zeit der Aufklärung war es eine Minderheit, einer unter tausend vielleicht, der Zugang zum menschlichen Wissen hatte. Der Großteil der Menschheit wurde dumm gehalten, stand unter Leibeigenschaft, war versklavt und hatte keinen Zugang zu Bildung. Das Wissen wurde hinter hohen Mauern und dicken Türen bewahrt. Es war nicht flächendeckend verfügbar. Entsprechend mäßig haben sich das Lernen und die Bildung des Menschen evolutionär weiterentwickelt. Seit dem Beginn der Aufklärung hat sich das radikal geändert, auch wenn es evolutionär eine sehr kurze Zeit ist. Erst im 19. Jahrhundert wurde die Schulpflicht eingeführt und erst im 20. Jahrhundert wurden Universitäten für Frauen zugänglich. Das Zeitalter der Bildung ist noch ganz jung! Aber die Fähigkeit zu lernen ist, was hier zählt. Und die scheint grenzenlos zu sein. Und der Wille zu lernen scheint angeboren. Das muss schon lange in uns schlummern und nur mit Gewalt zurückgehalten worden sein.

Dabei ist es gar nicht so relevant, ob der Wille frei ist oder nicht. Denn er muss ohnehin erst geschult werden. So wie wir gehen, sprechen, schreiben und denken lernen. Ein Kind kann das alles nicht von alleine. So gesehen ist der Mensch gar nicht unbeeinflusst. Sobald wir dies erkennen und uns bekennen zu einem freien Willen und zu seiner Entwicklung als kulturelle Errungenschaft in der Evolution – der freie Wille mit all seinen Unstimmigkeiten, denn die Entstehung des Willens kann nicht frei von äußeren Einflüssen sein, das ist die einzige Einschränkung, die ich hier mache –, dann sind wir verpflichtet, uns zu informieren, um ein möglichst kohärentes Bild der Welt zu bekommen. Damit wir mit unserem Willen auch etwas anfangen können, ohne maßlos damit überfordert zu sein.

Dann können und dürfen wir uns nicht mehr hinter religiösen Dogmen bequemen und verstecken. Es geht um zu viel. Um die Rettung der Welt und sicherlich der Menschheit. Oder wir erkennen, dass die Evolution des Menschen für die Erde eine Katastrophe ist und dass es das Beste wäre, wenn wir möglichst schnell verschwänden – altruistischer Selbstmord zugunsten aller irdischen Spezies, die von den Menschen vernichtet werden.

Gehen wir davon aus, dass wir als Spezies weiter existieren wollen und den Willen haben, zu überleben – und zwar nicht nur in einem ständigen Überlebenskampf, sondern auch mit Ansprüchen, die wir an das Leben stellen: Wir wollen ein Leben mit Qualität (die es noch zu definieren gilt – das werden wir tun, in Kapitel 10).

Ein erwachsener Mensch sollte gelernt haben, wie er mit seinem Willen umgehen soll und kann. Der Philosoph → Peter Bieri unterscheidet zwischen Wunsch und Willen. »Zu wünschen ist leicht und es ist der Ursprung zum Willen. Ein Wunsch kann ein Wunsch bleiben. Aber erst dadurch, dass es zum Handeln kommt, sprechen wir vom Willen.« Wenn der Wunsch so stark wird, dass man es nicht mehr beim Wünschen belässt, sondern eine Handlung setzt, eine Entscheidung trifft, wird er zum Willen. Es geht um diese → Entscheidungsfindung. Man entscheidet sich zu handeln oder man entscheidet sich nicht zu handeln. Das ist auch freier Wille. Und hat auch Folgen.

Der Wille hat nur dann eine echte Bedeutung, wenn wir ein möglichst vollständiges Bild von der Welt haben, um zu wissen, was möglich ist. Das hat enorme Folgen, denn wenn wir nicht wissen, welche Optionen es gibt und welche Folgen unsere Handlungen haben, dann können wir auch nicht entscheiden. → Piotr Słonimski, mein früherer Chef in Frankreich, war ein polnischer Jude, der das Warschauer Ghetto überlebt hat und dessen Gedanken und Weisheit mich enorm fasziniert haben. Er hat mir einmal gesagt: Man erkennt einen intelligenten Menschen an der Art, wie er Entscheidungen trifft. Die meisten Dinge, für die wir uns entscheiden müssen, sind banal und unwichtig. Daher sollten wir mit diesen nicht viel Zeit vergeuden. Zum Beispiel die Entscheidung zwischen Vanille- und Schokoladeeis. Da gibt es diejenigen, die sich ewig nicht entscheiden können, das kann wirklich nervig sein. Und die, die einfach schnell eines nehmen, weil es eh egal ist. Und dann gibt es die, die es spannend machen wollen und es dem Schicksal überlassen – eine Münze werfen.

Die Entscheidungsfindung auslagern und unabhängig machen. Ich mache das auch oft. Man entbindet sich allerdings dabei nicht von der eigenen Verantwortung. So ein Vorgehen ist brauchbar, wenn man nicht genug Kriterien hat oder nicht genug Information, um eine wissensbasierte Entscheidung zu treffen (wie die Entscheidung, wer einen Fahrradabstellplatz bekommen soll, wenn auf zwanzig Menschen fünf Plätze kommen). Wenn es aber um eine wichtige Entscheidung geht (wie die Entscheidung, ein schwer behindertes Kind zu bekommen oder abzutreiben), dann zeigt sich das Problem. Man braucht möglichst alle Informationen über die Rahmenbedingungen, um eine fundierte Entscheidung treffen zu können. Man kann auch sagen: Ich entscheide mich aus dem Bauch, oder ich überlasse es dem Zufall. Auch das ist eine Entscheidung. Man muss aber trotzdem die → Konsequenzen tragen.

Sobald wir uns die Verantwortung für unser Handeln zuschreiben, was wir sicherlich in diesem Buch hier tun, dann schränkt das unseren Handlungsspielraum ein. Weil man die Konsequenzen der Handlung tragen muss.

Haben wir dann noch unbedingt einen freien Willen?

Es gibt den freien Willen, er ist absolut vorhanden. Aber in dem Moment, in dem man weiß, dass die eigenen Handlungen Konsequenzen haben und dass man die Verantwortung für diese Handlungen hat, ist der Wille nicht mehr vollkommen frei. Man wird Dinge nicht tun, wenn man erkennt, dass sie falsch sind, man muss sie nachher ja rechtfertigen. Vollkommen lösen kann sich kein Mensch.

Wir sind keine willenlosen Schäfchen, sondern wir haben erkannt, wie die Situation ist. Aber wir wollen den Willen nicht als vollkommen frei darstellen, sondern als Möglichkeit, eine Entscheidung zu treffen. Wir können uns entscheiden. Wir würfeln nicht und überlassen es nicht einem Gott. Wir wollen uns rational entscheiden. Wir brauchen sehr viel Information und tragen hinterher die Verantwortung.

Das ist im Prinzip nichts Neues. Aber es ist wichtig für dieses Buch, denn wir wollen überleben, wir wollen die Welt retten. Und dafür brauchen wir die Gewissheit, dass unsere Handlungen wirklich relevant sind. Da müssen wir bestimmte Dinge ins Bewusstsein bringen.

Unsere Anstiftung zur Rettung der Welt ist nur relevant, wenn wir durch unseren Willen zum Handeln kommen können. Ich möchte das gerne so definieren: Es sind die Entscheidungen frei, die wir im Einklang mit unseren Wünschen und Überzeugungen fällen. Und nicht unter Zwang. Ganz nach → Hannah Arendt, die meint, dass der freie Wille eine rein politische Sache ist und erst im Bezug zum anderen Menschen wichtig wird. Indem wir dem anderen Menschen auch die Freiheit geben, nach seinem Willen zu handeln, und wir uns den Anspruch nehmen, diese Freiheit ebenfalls zu haben. Dieser gegenseitige Respekt. Von Freiheit, von Toleranz, von individuellen Gedanken. Aber selbstverständlich impliziert das immer, dass man auch die Verantwortung für das Handeln hat. Und dass man auch davon ausgeht, dass man verantwortlich ist für das Nichthandeln.

Immanuel Kant hat die Grundlage für das Ganze gelegt. Denn er definiert den Menschen gleichzeitig als Natur- und Vernunftwesen. Das heißt, die Natur bestimmt unseren Willen, weil sie die Hardware liefert. Aber die Vernunft macht uns autonom. Der Mensch ist ein geistiges Wesen geworden.

Mir gefällt der Gedanke, dass es keinen Determinismus gibt. Das heißt, als die Evolution begonnen hat, ist überhaupt nicht festgestanden, in welche Richtung es gehen würde. Sie verläuft nicht zielgerichtet, nicht determiniert. Würde man das Rad der Zeit zurückdrehen und die Evolution noch einmal ablaufen lassen, wäre das Ergebnis ein völlig anderes. Und man kann auch heute nicht feststellen, in welche Richtung es weitergehen wird. Wir wissen ja nicht, was wir wollen. Das müssen wir erst herausfinden.

Die Zukunft steht noch nicht fest. Das heißt: Wir können sie nicht voraussagen. Und es ist auch nicht wichtig. Viel wichtiger ist, dass WIR die Zukunft bestimmen können, dass wir sie beeinflussen durch unsere jetzigen Entscheidungen und Handlungen.

Woher sollen wir wissen, was zu tun ist?

»Das Ziel des Menschen ist es, frei zu sein«, sagt Jean-Paul Sartre in seinem Roman »L'Âge de raison«. Das ist für mich nicht genug. Das kann kein Ziel sein. Sondern eine Rahmenbedingung auf einem Weg. Sartres Proponenten engagieren sich nicht, sie entscheiden sich nicht für eine Partei, nicht für eine Handlung, nicht für eine Familie, sie machen einfach gar nichts, weil sie nur frei sein wollen. Frei für etwas, das sie nicht genau definieren können. Für etwas, das dann auch nie eintritt. Sie wollen immer zur Verfügung stehen für diese eine Handlung, für die es sich endlich lohnt zu handeln. Sie haben den Willen, frei zu sein, wollen sich nicht festlegen. Einfach nur frei sein.

Auch wenn wir jetzt den freien Willen haben und uns dafür entscheiden, dass wir überleben wollen, haben wir längst die Grenzen unseres Wachstums erkannt. Wir haben den freien Willen erkannt, aber auch unsere Grenzen. Wir müssen uns einschränken, wir können uns nicht mehr so weitervermehren. Um überhaupt überleben zu können. In diesem Moment haben wir nicht die Freiheit. Wir haben sicher nicht die Freiheit, dass jede Frau zwölf Kinder bekommt, weil es die Ressourcen dafür nicht gibt. Ganz einfach. So gesehen sind wir nicht frei. Wir müssen erkennen, welche Rahmenbedingungen es gibt. Das sind die Grenzen, an die wir uns halten müssen. Hier sind wir vielleicht als Einzelne frei, aber sicher nicht als globale Menschheit. Es geht darum, dass wir als Menschheit überleben wollen. Und zwar so, dass wir die evolutionären Zwänge, die uns 2000 Jahre lang in Schranken gehalten haben, überwinden und durch Erkenntnis der Grenzen uns selbst Grenzen setzen. Aus dem freien Willen heraus und basierend auf den Grenzen der Möglichkeiten. Wenn wir die Zwänge der Natur überwunden haben, wollen wir nicht durch menschengemachte Zwänge erneut unter Druck kommen. Damit meine ich den schier unmenschlichen Wettbewerb, den wir momentan unter uns Menschen haben. Den ständigen Kampf des Stärkeren und das Faustrecht wollen wir nicht mehr. Brauchen wir nicht mehr. Diesen nächsten evolutionären Schritt wollen wir jetzt machen. Ja, wir WOLLEN.

Weil sich der Mensch bereits zu etwas Höherem entwickelt hat. Er hat seine Beschränktheit erkannt. Und auch sein Potenzial!

Wir wissen, dass wir jetzt fast doppelt so viele Ressourcen verbrauchen, wie uns eigentlich zur Verfügung stehen, damit wir weiterleben können. Oder damit wir nicht die Zukunft unserer Kinder zerstören. Verantwortungsvoll sein. In dem Moment ist für mich der freie Wille verbunden mit der Verantwortung zu handeln.

Und in diesem Moment sind wir nicht mehr frei. Unsere Handlungen haben Konsequenzen.

Es ist unheimlich → puritanisch. Es ist das Gegenteil von → Hedonismus, der uns anleiten würde, zu sagen: Wir sind frei und können tun, was wir wollen, totale Verantwortungslosigkeit. Party machen, herumbumsen, sich vollfressen, konsumieren ohne nachzudenken, was wir tun, sich manipulieren lassen. Das macht die Menschen sinnleer. Weil sie sich ja dann nicht wirklich mit dem Wesentlichen auseinandersetzen. Vielleicht ist die Menschheit doch eine willenlose Herde, eine Schafherde, die zugedröhnt werden möchte und erzählt bekommen will, was sie zu tun hat, welche Mode, welche Musik, welche Autos sie haben, was sie essen und was sie tun soll – man unterhält sie, lenkt sie möglichst ab, dann ist sie ganz happy. Es ist nämlich nicht gesagt, dass, nur weil einige Wenige dazu in der Lage sind, alle Menschen ihren Willen entdecken können, ihn entwickeln, schulen und einsetzen. Es würde doch genügen, dass wir sagen: 5 % der Menschen sind gebildet, um den anderen 95 % sagen zu können, was sie zu tun haben. Oder sollten wir danach trachten, dass 50 % gebildet sind, oder 100 %?

Ich weigere mich, zu behaupten, dass 95 % der Menschen das nicht wollen. Dass sie eigentlich nur Schäfchen sein wollen. Es ist eine Frage der Gelegenheiten und der Möglichkeiten. Und ich denke, dass es auch eine Frage der Erziehung ist. Einer Erziehung zum freien, verantwortungsbetonten Willen.

Hannah Arendt möchte ich in diesem Zusammenhang noch einmal erwähnen. Im Zuge ihres Berichts über den Eichmann-Prozess schrieb sie über die →»Banalität des Bösen« und warf eine wichtige Frage auf. Ob das Böse nämlich radikal ist oder einfach eine Sache von Gedankenlosigkeit, eine Tendenz ganz normaler Menschen, die einfach Befehle befolgen und sich der Meinung der Masse anschließen, ohne die Folgen ihrer Handlung kritisch zu hinterfragen. Und die Folgen der Nicht-Handlung. Ist es also eine bewusste Entscheidung für das Böse? Oder eine Nichtentscheidung gegen das Böse? Das ist genau der Punkt, an dem sich der Mensch entscheiden kann. Tut er es oder nicht? Er hat die Möglichkeit, die Gewaltspirale zu durchbrechen oder sie weiterzugeben.

Hier ist er frei. Er muss den Mut aufbringen, die Konsequenzen seiner Entscheidung zu tragen.

Wer in einem Staat die Macht bekommt, Entscheidungen zu treffen, muss dies in einer nachvollziehbaren Art tun. Alle Schritte der Entscheidungsfindung müssen offengelegt werden und die Kriterien, die angewendet werden, sollten klar sein. Es darf nie eine anonyme Abstimmung geben. Das ist unwürdig. Wer nicht den Mut hat, zu seinen Entscheidungen zu stehen und diese zu erläutern, sollte nicht die Rolle in einem Staat, einer Kommission oder einem Aufsichtsrat übernehmen, Entscheidungen zu treffen. Die Menschen, die die Macht bekommen, eine Entscheidung zu treffen, müssen die sein, die genau erkannt haben, welche Aufgabe und welche Verantwortung sie haben. Das wird nur dann gut gehen, wenn sie wirklich allen erklären, warum sie diese Entscheidung getroffen haben.

Mit ihrem freien Willen.

Deswegen ist dieses Kapitel so wichtig: Wir brauchen einen Überblick über die Lage der Welt. Denn wir müssen sicher sein, dass es sich lohnt, zu handeln. Um die Motivation aufzubringen, zu handeln. Wir müssen uns bewusst sein, dass wir die

Verantwortung für unsere Taten haben. Und dass diese Taten Konsequenzen haben. Wir müssen sicher sein, dass wir diesen freien Willen haben, dass wir diese Entscheidungen treffen können. Das ist der erste Schritt.

Aber wenn wir Entscheidungen treffen, müssen wir auch erkennen, dass sie nur für jetzt gültig sind. Wir können keine Anleitung zur Rettung der Welt geben, die mit Sicherheit in hundert Jahren noch gültig ist. Außer diese eine: Wir müssen flexibel bleiben. Wir müssen schauen, was die jetzigen Bedingungen sind. Vor tausend Jahren, im Jahr 1000, einer Zeit, in der die Menschheit nicht gewachsen ist, da ging es ums Überleben. Sterben meine Kinder oder nicht. Heute, wo wir viel zu viele Menschen auf der Erde sind und nicht mehr vom Aussterben bedroht sind, sind die Anleitungen zum Überleben ganz andere als damals.

Wir können keine Empfehlungen abgeben, die für alle Zeit gelten. Weil wir die Rahmenbedingungen der Zukunft nicht kennen! Wir können nur Trends beobachten. Ich war vor Kurzem Gast bei einem Vortrag über neue Entwicklungen in der IT. Es ging um »Smart Cities«, in denen alles von Computern gesteuert wird, die Lüftung, die Temperatur, das Licht, der Verkehr, alles kontrolliert, »smart«, »ökologisch«. Der Vortragende hat das anscheinend als positiv gesehen und gelobt. Dass man nach Hause kommt, nicht weiß, welche Getränke im Kühlschrank sind, aber das Handy hat alles im Überblick und schlägt gleich einen Cocktail vor, den man mixen könnte. Dass man in ein Bekleidungsgeschäft kommt, die Iris wird gescannt, und der Computer weiß, wer wir sind und was wir schon gekauft haben, und er schlägt gleich vor, welche Hose wir nun kaufen könnten.

Für mich ist das der vollkommen entmündigte, ferngesteuerte Mensch. Ohne eigenen Willen.

Das Ziel der Handlung der meisten Politiker und Unternehmen ist Wirtschaftswachstum. Noch mehr Geld machen. Und sie kümmern sich eigentlich nicht darum, wie der Konsument sich dabei entwickelt. Ja, diese technologischen Erfindungen haben einen starken Einfluss darauf, wie sich der Mensch evolutionär entwickeln wird. Sie wollen den Konsumenten abhängig machen von den Produkten, ihn entmündigen, ihm vorschreiben, wie er zu leben hat. Er will und braucht ja irgendwann diese Bequemlichkeiten. Wenn er diese Erleichterung nützt, um etwas anderes Nützliches zu tun, ist dagegen nichts einzuwenden. So wie es Hans Rosling in seinem Vortrag »The Magic Washing Maschine« beschreibt: Die Zeit, die durch die technologischen Neuheiten eingespart wird, etwa durch die Waschmaschine, kann genutzt werden, um zu lesen, sich zu bilden, sich eine Meinung zu bilden.

Den freien Willen wie einen Muskel zu trainieren.

Wir haben die Evolution verstanden und erkannt: Entweder entwickelt der Mensch einen freien Willen, weil er die Möglichkeit dazu hat. Oder er entwickelt ihn nicht, weil er die Gelegenheit dazu nicht bekommt. Wir wissen, dass die Evolution sich in die Richtung entwickelt, in die sie sich entwickeln kann. Sie ist rein → opportunistisch. Deswegen würde ich hoffen, dass sich Bildung und verantwortungsbewusstes, freies Handeln durchsetzen.

Wir sind zur Freiheit verurteilt, zu entscheiden, wie es mit der Spezies Mensch weitergeht!

Dieses Buch, steht oder fällt es mit dem freien Willen? Für mich ist die Antwort klar: Es steht.

KAPITEL 9

Die Evolution ist pragmatisch

Oder: Nicht alles, was erfolgreich ist, ist auch wünschenswert

Was ist erfahrungsgemäß der Rückkaufwert der Wahrheit?
→ William James

Seien wir doch pragmatisch! Vergessen wir Ideologien, die uns womöglich zu falschen Handlungen verführen und uns blind machen für das Notwendige. Halten wir uns doch an das Machbare!

Was ist Pragmatismus? Unter Pragmatismus verstehe ich ein Verhalten, das zu Handlungen führt, die von rationalen Überlegungen und konkreten Tatsachen ausgehen, die machbar sind und nicht einer unveränderlichen Ideologie unterliegen. Man bleibt flexibel, orientiert sich nach dem, was machbar ist und richtet sich nicht nach utopischen Weltvorstellungen.

Genau das wissen wir ja schon: dass nichts unveränderlich ist.

Auch eine Ideologie?

Eine wichtige Erkenntnis, die wir immer und immer wieder berücksichtigen müssen, ist, dass sich im Universum (und natürlich auch auf unserem Planeten) die Rahmenbedingungen ständig ändern. Das hat zur Folge, dass es schwierig bis unmöglich ist, einen Verhaltenskodex aufzustellen, der einmal für immer Gültigkeit haben kann. Ein sehr gutes Beispiel ist unsere Menschenwachstumskurve. Denn was im 18. und 19. Jahrhundert gut für die

Menschen war, sodass sie sich vermehren und eine hohe Lebensqualität erfahren konnten, was sich damals positiv ausgewirkt hat,
würde im 21. Jahrhundert zur Katastrophe führen.

Im 18. und 19. Jahrhundert war es gut und notwendig, viele Kinder auf die Welt zu bringen, damit Staaten mit fortschrittlichen
Gesetzen aufgebaut werden konnten. Waren damals Kompetition
und Wettbewerb positive Kräfte, so wird diese blinde Kompetition, dieses Ringen darum, wer die Nummer eins ist, wer der Erste,
Größte, Reichste, Schnellste ist, im 21. Jahrhundert dazu führen,
dass wir uns zu stark vermehren. Bis die Ressourcenknappheit dann
so dominant wird, dass sich wiederum ein Kampf entfalten müssen
wird, der mit Sicherheit eine stark zerstörerische Kraft haben wird.
Es wird dann zu einem mörderischen Gedränge um die zu knap-
pen Ressourcen kommen – und selektiert wird wiederum die rück-
sichtslose Kraft der stärksten Faust.

Oder die Atmosphäre und das Klima verändern sich durch unsere Zivilisation so stark, dass unser Stoffwechsel nicht mehr möglich sein wird. Das ist gar nicht so unwahrscheinlich. Das würde
uns Menschen verschwinden lassen, aber nicht das Leben selbst.
Ein paar Bakterien werden das schon überstehen.

Blinde, zerstörerische Kompetition als treibende Kraft der Evolution. Das wollen wir einfach nicht mehr.

Wir sind jene Spezies auf diesem Planeten, die sich als die
»Krone der Schöpfung« sieht; die gelernt hat, über ihr eigenes Dasein zu reflektieren; die bemerkt hat, dass sie einen freien Willen
zur eigenen Gestaltung hat – und die das alles dann dazu nützt,
um sich selbst zu vernichten? Spätestens seit dem Atombomben-
abwurf auf Hiroshima wissen wir, dass die Menschheit dazu imstande ist. Wir sind zur Freiheit verurteilt, zu entscheiden, wie es
mit uns weitergeht. Es liegt in unseren Händen, welche Eigenschaften die Vertreter der Spezies Mensch in der Zukunft haben werden.
Welche sind die Selektionskriterien, die den Menschen in Zukunft
formen werden? Ob wir es wollen oder nicht, ob es uns als Tabu
vorkommt, darüber überhaupt nachzudenken, geschweige denn

laut darüber zu diskutieren, es hilft nichts. Wir haben erkannt, dass unsere Handlungen, egal ob rational durchdacht, ob mittels Bauchgefühl gewünscht oder durch religiöse Dogmen festgelegt, bestimmen werden, wie sich der Mensch weiterentwickelt. Wir haben dies erkannt und sind nun (je nach Vision) dazu verpflichtet, verdammt oder (zwangs-)beglückt, zu handeln.

Der Wille zum Wachstum war im 18. und 19. Jahrhundert eine positive Kraft; zum ersten Mal hatte der Mensch Techniken entwickelt, die seine Unvollkommenheit ausglichen. Jetzt, zwei- bis dreihundert Jahre später, haben wir die Grenze des Wachstums längst erreicht. Und die Technik ist nicht mehr ein Werkzeug, dessen wir uns bedienen, um unsere Unzulänglichkeiten zu kompensieren, nein, es hat sich mittlerweile umgedreht: Wir müssen uns an unsere Technik anpassen. Unsere Technik verselbstständigt sich. Und wir müssen uns anstrengen und uns durch sie neu formen. Wir müssen umdenken, wir müssen neue Modelle für unsere Gesellschaften finden, die auf ganz anderen Werten beruhen als in den letzten zwei Jahrhunderten – und die vor allem nicht mehr auf Wachstum und Quantität beruhen dürfen.

Nun haben wir aber ein Problem: Die Evolution hat in uns jene Eigenschaften entstehen und sich vermehren lassen, die dazu geführt haben, dass wir wachsen, dass wir zielstrebig werden, dass wir uns viele Meme ausdenken, die uns motivieren zu handeln. Auch wenn diese Meme weit von der Realität entfernt waren, sie haben sich vermehrt und haben zum Erfolg geführt. Wir Menschen befinden uns in einem Kreativitätsrausch, der sich immer schneller manifestiert. Wir sind also von der Evolution so geprägt, dass Leistung, Motivation, Kompetition und alles, was uns dabei hilft, uns erfolgreich zu vermehren, in uns als positive Kraft vorhanden ist. Aber eben auch vieles, das wir als negativ empfinden.

Da haben wir ihn, den Pragmatismus der Evolution: Vieles, was evolutionär erfolgreich ist, ist nicht wünschenswert!

Es ist sicherlich evolutionär erfolgreich, mit Gewalt Frauen zum Gebären zu zwingen, ihnen zu verbieten, selbst zu entscheiden, was sie wollen, Sklaven zu halten, die dann für die Nachkommen der Mächtigen sorgen. Eine Zeitlang wird das gut gehen und die dazugehörigen Charaktereigenschaften werden sich anreichern: zielstrebig, gewaltbereit, egozentrisch auf der einen Seite und ängstlich, duckmäuserisch und feig auf der anderen Seite. Ich denke: Wir brauchen etwas dazwischen!

Obwohl das Ziel der Menschen nie klar und genau definiert war (das Jenseits? das ewige Leben? das Wohlwollen Gottes? reich werden? Anerkennung?), hat die Menschheit eine ungeheure Kraft entwickelt und die Welt aufgebaut, in der wir heute leben. Unsere technische Welt! Unsere Quantitätsmeme haben da einiges in Bewegung gebracht. Motivation. Was treibt uns Menschen an? Warum arbeiten wir so viel? Warum macht es auch noch Spaß, so viel zu arbeiten? Was ist unser Ziel? Glücklich sein?

In Wahrheit zählt nur das, was sich durchsetzt, was sich reproduziert: die Meme und die Gene, die sich vermehren. Unsere Gene sind vorgegeben. Unsere Meme können wir uns (beschränkt, aber doch) aussuchen.

Wir müssen ganz pragmatisch sein.

Hinschauen. Und erkennen, was los ist. Und dann etwas Neues finden. Viel Neues finden! Je mehr verschiedene Ideen, desto besser. Einige werden gut sein und überleben, andere werden wieder verschwinden, wenn sie scheitern. Wir dürfen jetzt keine Angst vor dem Scheitern haben. Lernen können wir sehr gut durch Fehler!

Während der Mensch bis ins 20. Jahrhundert im Vertrauen, dass er von Gott gelenkt wird, einfach in Ruhe leben konnte und versucht hat, Gottes Willen gerecht zu werden, so wird mit dem Ende der Religionen ein neues Zeitalter hereinbrechen. Ein Zeitalter, in dem der Mensch auf sich selbst gestellt ist. Dieses Zeitalter hat sich schon seit Langem angekündigt. Philosophen um Nietzsche und Heidegger haben sich mit diesen veränderten Gegebenheiten auseinandergesetzt, aber so richtig ist das bis heute nicht in den Köpfen der Leute angekommen.

Dieses Urvertrauen darauf, dass da einer lenkt, das wird es nicht mehr geben.

Menschen beten immer noch zu Gott, in der Hoffnung, eine Anleitung zum Leben zu bekommen. Das hat ja bis jetzt funktioniert. Oder nicht? Eigentlich nicht, denn wie wir bereits gesehen haben, sind wir Menschen ja 2000 Jahre lang nicht gewachsen, obwohl es der Wunsch Gottes zu sein schien. Wachset und mehret euch! Das haben die Menschen versucht, aber sie haben es erst geschafft, als sie den göttlichen Rucksack abgestellt und sich befreit haben. Mit dem Beginn der Aufklärung und der Industrialisierung hat die Menschheit sich endlich wieder vermehren können.

Anfang des 20. Jahrhunderts begann sich herauszustellen, dass wir wirklich sterblich sind, dass es kein Leben nach dem Tod gibt, dass die Fokussierung auf eine jenseitige Seligkeit einfach keine Option mehr sein kann. Der Mensch ist zwar ein Lebewesen, das sich selbst täuschen kann, aber wenn er einmal zur Erkenntnis gelangt ist, dass er ein Dasein mit einem Ende vor sich hat, dann kann er nicht mehr zurück. An die Stelle des göttlichen Jenseits tritt nun das selbstverantwortete irdische Glück des Menschen im Diesseits. Der Mensch ist nun sein eigener Schöpfer!

Dieser Gedanke macht Angst. Keine Frage.

Heute, im 21. Jahrhundert, können wir – wenn wir wirklich erkannt haben, dass wir das Ruder in der Hand haben – keine Realitätsverweigerung mehr praktizieren und so tun, als gäbe es einen Papa Gott, der schon alles in die richtige Richtung lenken wird. Nein, diesen Papa gibt es nicht! Wir sind auf uns selbst angewiesen. Wir müssen das akzeptieren und unser Handeln danach richten. Alles andere wäre verantwortungslos.

Jetzt können Sie sich vorstellen, wie es mir geht, wenn Politiker sich als gläubig deklarieren. Oder wenn Gottesstaaten nach Macht streben und das Denken vernichten wollen. Oder wenn sich religiöse Oberhäupter in die Tagespolitik einmischen. Ich hoffe meistens im Stillen, dass diese Menschen längst wissen, dass es keinen Gott gibt, aber mit Verantwortung Gläubige auf eine vernünftige

Bahn leiten wollen. So naiv bin ich manchmal. Ich kann mir einfach nicht vorstellen, dass Menschen, die so viel Verantwortung tragen, so geblendet und unwissend sein können.

Die Brutalität, mit der Religionen ihre Macht verteidigen, wird in diesem Kontext verständlich. Viele Kriege, die gerade in der Welt passieren, sind Bürgerkriege zwischen alten, religiösen, hierarchischen Diktaturen und neuen Kräften, die sich den alten Ordnungen nicht mehr beugen wollen. Aber solange die Mehrheit in einem Lande gläubig bis fanatisch ist, wird es unmöglich sein, die Menschen von ihrer eigenen Verantwortung zu überzeugen. Oder der Häuptling behauptet einfach, dass er mit Gott spricht und Gott mit ihm. Welcher Mensch würde sein Schicksal in die Hand von ein paar Politikern legen, wissend, dass diese keine Ahnung haben, was zu tun ist?

Im 19. Jahrhundert hat sich William James mit der Frage des »Nutzens der Wahrheit« auseinandergesetzt und den Pragmatismus als philosophische Denkrichtung etabliert. Statt nach Ideologien zu suchen, die sich mit Sicherheit als falsch herausstellen würden, sucht der Pragmatismus nach Handlungsanleitungen, die auf menschlicher Erfahrung und Vernunft basieren. Ob James klar war, wie akut diese Frage ein Jahrhundert später werden würde, bezweifle ich. Es ist aber nicht verwunderlich, dass der Pragmatismus heute eine Renaissance erlebt. Wir müssen heute handeln und Entscheidungen treffen, die wir vorher noch nie zu treffen hatten. Und wem ist das bewusst? Ist es denen bewusst, die leichtfertig nach ihrem eigenen Nutzen handeln? Scheint nicht so zu sein.

Für den Nutzen des Wissens möchte ich ein sehr starkes Plädoyer halten, denn wir haben keine Wahl. Wir müssen all unser Wissen zusammentragen und in Bezug zueinander setzen, um Muster zu erkennen, um einen Überblick über die Lage der Welt zu bekommen und den Entscheidungsträgern klarzumachen, welche Konsequenzen ihre Entscheidungen haben werden.

Mit Wissen, Erfahrung und Vernunft – und vor allem mit einem klaren Bekenntnis zu einer offenen, demokratischen

Gesellschaft, in der die Ressourcen so verteilt sind, dass es Stabilität geben kann, sollten Handlungsanleitungen zur Lösung vieler Probleme gefunden werden. Es sind ja schon viele politische Bewegungen und NGOs seit Jahrzehnten damit beschäftigt. Das Problem, das wir jetzt im 21. Jahrhundert haben, ist, dass wir keine Erfahrung mit der aktuellen Situation haben. Nicht-Wachstum war nie gefragt. Die zweitausend Jahre des Nichtwachstums (400 v. Chr. bis 1600), die wir in der Vergangenheit hatten, waren nicht gewollt. Der Mensch hatte versucht zu wachsen – Frauen bekamen fünf bis zehn Kinder – und ist daran gescheitert. Zweitausend Jahre Scheitern! Aus dieser Zeit können wir nur lernen, wie es nicht geht. Jetzt haben wir erkannt, dass wir ein Nicht-Wachstum brauchen. Wir brauchen ein Nicht-Wachstum aus eigenem Willen und eigener Erkenntnis. Das Einzige, das weiterhin wachsen soll, ist die Qualität. Nicht die Quantität! Wie können wir umschalten?

Wir brauchen einen neuen Begriff für das Nicht-Wachsen. Einen positiven Begriff: Stabilität, Entspannung, Entschleunigung, Qualität!

Unsere Technologien haben uns wachsen lassen; die jetzige, vierte Industrielle (oder digitale) Revolution darf uns nicht entmenschlichen. Unsere Technik soll nicht uns Menschen formen, sondern wir sollten unsere Technik weiterhin zu unserem Nutzen verwenden. Unsere moderne Technik mit ihrer grenzenlosen Fantasie könnte den Weg in die Post-Wachstumsgesellschaft einleiten.

In eine neue, gewollte Stabilität!

Eines ist klar, ganz pragmatisch gedacht: Wenn die Wirtschaft weiterwachsen will, müssen die Konsumenten viel konsumieren. Wenn die Nahrungsmittel- und die Pharmaindustrien weiterwachsen und erfolgreich sein sollen, dann brauchen sie viele dicke und kranke Menschen. Oder sie erfinden immer neue Krankheiten, die durch falsche Ernährung entstehen. So einfach ist das.

Damit unsere Nahrungsmittelfirmen wachsen, müssen sie immer mehr Nahrungsmittel herstellen – die dann auch gegessen oder wenigstens gekauft werden müssen. (Es ist ja spannend, dass doch so viel weggeworfen wird. Ich finde es ehrlich gesagt besser, das Zuviel an Nahrungsmitteln wegzuschmeißen, als es zu essen. Am besten wäre es natürlich, es an hungernde Menschen zu verteilen.) Das heißt, damit Firmen weiter steigende Gewinne machen können, müssen Menschen (brave Konsumenten) viel konsumieren. Die Folgen kennen wir: eine Epidemie an Übergewichtigen, die sich kaum mehr bewegen können und deren Lebensqualität sinkt und sinkt. Damit die Konsumenten auch viel essen, werden die meisten Speisen mit Geschmacksverstärkern versetzt, die das Sättigungsgefühl stoppen (siehe Kapitel 3). Hier wird klar, dass der ursprüngliche Zweck der Nahrungsmittelindustrie – nämlich den Menschen zu ernähren – gekippt ist. War es anfänglich wichtig, mehr Nahrungsmittel herzustellen, damit Menschen nicht verhungern, war die Lebensmittelindustrie für den Menschen da, so ist es jetzt umgekehrt. Jetzt muss der Mensch für die Lebensmittelindustrie da sein und viel essen, bis er dick und krank wird. Statt eben weniger zu essen, wird die Lösung dann in der Form von Medikamenten gesucht. Oder mit alternativen, kostspieligen Diäten.

Noch schlimmer ist es in der Pharmaindustrie. Diese hat anfänglich sehr wichtige Medikamente hergestellt, die Menschenleben gerettet haben. Was natürlich immer noch der Fall ist. Wenn die Pharmaindustrie immer weiterwachsen möchte, müssen auch immer mehr Kranke da sein, welche die Medikamente einnehmen. Das heißt: Die Anzahl der Kranken muss zunehmen, damit die Pharmaindustrie ewig wachsen kann. So hört man immer öfter, dass neue Krankheiten definiert werden und immer mehr Menschen den Stempel der Krankheit aufgedrückt bekommen. So werden immer mehr Störungen, vor allem psychische Störungen, diagnostiziert und immer mehr Psychopharmaka verschrieben (sogar an Kinder!). Auch hier kippt der ursprüngliche Sinn einer Industriesparte, deren eigentliches Ziel es sein sollte, dass möglichst viele Menschen gesund sind.

Da haben wir ein Dilemma! Aus diesem kommen wir nur dann heraus, wenn der einzelne Mensch genug Bildung hat, um zu wissen, was er essen soll – und nicht gutgläubig den Ärzten folgen und alle Medikamente schlucken muss, die sie ihm verschreiben. Es gibt einen direkten Zusammenhang zwischen Bildung und Gesundheit! Und diese Korrelation hat einen kausalen Zusammenhang: ganz pragmatisch. Wissen hilft in diesem Fall sehr, sehr viel!

Es gibt zwei Möglichkeiten: Entweder es wird staatlich gelenkt, oder die Menschen sind gebildet genug für das Problem und werden resistent gegen Werbung. Ich bin auf jeden Fall für die zweite Lösung!

Wird unser Wachstumswahn uns vernichten?

Was ist denn zu tun? Um die Welt in Schwung zu halten? Um die Welt zu retten?

Zurück zum Pragmatismus! Es gibt kein Zurück, aber wir können uns ein bisschen einbremsen und nachdenken, weiterdenken, was zu tun ist. Eine Frage beschäftigt mich mit erhöhter Spannung. Wie schnell können wir uns epigenetisch (siehe Kapitel 6) und memetisch (Kapitel 7) an neue Lebensbedingungen und Werte anpassen? Epigenetisch insofern, als unser Körper und unser Stoffwechsel sich an veränderte Ernährungsgewohnheiten und Bewegungsmuster anpassen können, ohne krank zu werden. Und memetisch, indem wir neue Werte finden, die uns Qualität empfinden lassen, die nicht von grenzenlosem Quantitätswahn geprägt sind.

Wie passt dieses Bild in jenes der Evolution?

Wir sind von der Evolution bestens ausgerüstet worden, um unsere Zukunft zu gestalten. Wir haben die Intelligenz, Dinge zu erkennen, die wichtig sind, damit die Menschheit sich eine hohe Lebensqualität schafft. Die Frage ist, ob wir auch den Willen dazu aufbringen, die aggressive Kompetition, die uns evolutionär bis heute geholfen hat, uns zu entwickeln, überwinden können. Dass wir aufhören, uns zu messen und bewerten zu lassen nach Quantitätskriterien, die unsere Lebensqualität verringern. Weil die

Evolution pragmatisch ist: Wenn wir die Grenzen des Wachstums überschreiten, wird sich die Menschheit zu einer Spezies weiterentwickeln, deren Eigenschaften wir längst als kurzsichtig und zerstörerisch erkannt haben.

Es liegt an uns, den Willen aufzubringen, eine Erde mit Menschen zu wollen und zu gestalten. Ganz einfach. Die Menschheit ist imstande, sich selbst zu vernichten. Für die Erde wäre es sicherlich eine Erholung. Ganz pragmatisch!

....

KAPITEL 10

Qualität und Selektion

Oder: Das Ende der Three-Inch-Society

Wir können nationale Leistung nicht anhand des Bruttosozial-produkts messen. Es berücksichtigt nicht die Gesundheit unserer Familien, die Qualität ihrer Erziehung oder die Freude ihres Spiels. Es misst alles, außer diejenigen Dinge, die das Leben lebenswert machen.

→ Robert Kennedy

Egal welche Zeitung Sie aufschlagen, Sie werden darin lesen, wie wichtig Wachstum ist. Und wenn es nicht schnell genug geht, werden sofort Krisen angekündigt. Vor allem wenn die Wirtschaft nicht wächst: Stillstand! Rezession! Das sind angst-einflößende Schlagwörter. Gemeint ist: Wenn nicht alles »mehr« wird, dann hätten wir ein Problem. Als ob »mehr« gleich »besser« wäre.

Jeder kennt sicherlich diese öden Spam-Mails, die damit wer-ben, dass man seinen Penis um drei Inches verlängern könne. Ich habe mich immer darüber geärgert, weil sie so dumm und ober-flächlich sind und die Männer verunsichern. Weil sie sympto-matisch für unsere Gesellschaft sind. Diese ist dominiert von dem Wunsch nach Länge, Größe, Macht, Einfluss. Eine »Three-Inch-Society« nenne ich das. Als könne man Probleme mit einem längeren Penis leichter lösen.

Die → Osterinsel zeigt uns, was die Folgen sein können, wenn wir Menschen uns immer nur nach der Größe richten. Denn ausgerechnet auf dieser mystischen kleinen Insel im Pazifik wird so deutlich, was passiert, wenn der Mensch seine eigene Lebensgrundlage zerstört. Die Bewohner dieser Insel haben die → Moais, die berühmten Statuen, gebaut, immer größere, immer tollere. Sie haben der Größe der Statuen alles untergeordnet, alle Wälder gerodet, bis sie selbst keine Existenzgrundlage mehr hatten und eigentlich elendig verhungert sind. Es ist dort so deutlich, weil sich das Ganze auf einer Insel abgespielt hat und die Menschen ihrem Handeln nicht entkommen konnten. Von den ursprünglich geschätzten 10 000 Ureinwohnern, den Rapanui, waren 1877 nur mehr 111 übrig. Und die riesigen Statuen, das Symbol ihrer Größe und Stärke. Es gibt mehrere Theorien, was der eigentliche Grund für den Untergang dieser Zivilisation war. Zum Thema Untergang von Zivilisationen hat wohl → Jared Diamond die interessantesten Thesen erstellt, wobei die ökologischen Zerstörungen dominieren.

Es ist auch nicht verwunderlich, dass die Terroristen von 9/11 sich diese zwei in die Luft ragende Türme des World Trade Centers ausgesucht haben: das Symbol des Kapitalismus, das leicht zu Fall zu bringende Symbol der Three-Inch-Society. Die neuen Türme sollen natürlich noch höher werden. Ich muss immer schmunzeln, wenn ich in einer Großstadt bin und dann von jemandem voller Stolz darauf hingewiesen werde, dass dies das höchste Haus der Welt sei, oder das dritthöchste. Dann sieht man, wie diese Three-Inch-Mentalität in unserem Denken verankert ist.

Wir haben bereits erkannt, dass wir einen freien Willen haben und selbst entscheiden können: Größe oder nicht Größe. Quantität oder Qualität. Dieser Gedanke beeindruckt mich: Es ist unsere Entscheidung, in welche Richtung wir uns entwickeln. Entscheiden wir uns für den Untergang oder fürs Überleben? Denn evolvieren wird das, was evolvieren kann (die Evolution ist schließlich pragmatisch, siehe Kapitel 9). Es kommt darauf an, welche Möglichkeiten es gibt und nach welchen Eigenschaften selektiert wird.

Es liegt an uns, die Selektionskriterien der (nahen) Zukunft festzulegen. Faustrecht? Oder Glück?

Warum lassen sich Männer ihre Penisse verlängern? Warum lassen sich Frauen ihre Brüste vergrößern? Wieso konnten sich Stöckelschuhe so leicht verbreiten? Ich sehe diese Frauen, die kaum mehr gehen können, die sich Schmerzen und Instabilität antun, nur um zu signalisieren: »Ich bin sexy! Ich füge mir Schaden zu, um den Männern zu gefallen!« Anscheinend kommt es doch auf die Länge und die Größe an. Sonst hätte es sich evolutionär nicht durchgesetzt. Aber es signalisiert wohl auch: »Ich bin paarungsbereit«. Und das wird evolutionär selektiert.

Ich bin vor Kurzem über eine Publikation der Universität Canberra gestolpert, die heißt »Penis size interacts with body shape and height to influence male attractiveness«. Die Conclusio dieser Arbeit ist, dass der Geschmack der Frauen bei der Partnerwahl die Evolution von längeren Penissen angetrieben hat. Dass also die Tatsache, dass Frauen Geschlechtspartner mit längeren Penissen bevorzugen, deren Evolution erst möglich gemacht hat. Und Männer selektieren eben genauso, welche Erscheinungsform ihnen an Frauen am besten gefällt: Stöckelschuhe und große Brüste?

Das, was wir wollen, setzt sich in der Evolution durch. Kommt es also doch auf die Größe an? Wir entscheiden selbst. Wir können es ändern!

Wir Menschen sind ständig mit unserer Unzulänglichkeit und Unfähigkeit konfrontiert.

Unsere Techniken verbessern teilweise die Funktion unserer Organe. Bis jetzt wenigstens waren wir imstande, durch viele kleine, aber bedeutende Werkzeuge unsere Fähigkeiten zu verbessern (Brille, Hammer, Leiter, Fahrrad, Hörapparate etc.). Der Philosoph → Günther Anders hat jedoch die These aufgestellt, dass es bald umgekehrt sein wird und wir uns nach der Technik richten werden. Unsere Sehnsucht nach Vollkommenheit. Der Mensch für die Technik! Die Technik füttert unsere Eitelkeit! Unsere heutigen und zukünftigen Techniken werden uns formen und unsere

Fähigkeiten diktieren. Das kann wertfrei gesehen werden: Viele Fähigkeiten sind ja äußerst schön, zum Beispiel Klavierspielen! Unsere Musikinstrumente haben uns wirklich Lebensqualität gebracht, dem aktiven Spieler wie dem passiven Zuhörer. Beim Autorennfahrer bin ich mir aber nicht mehr so sicher, dass seine Beschäftigung eine bessere Lebensqualität mit sich bringt (außer wahrscheinlich mehr Erfolg bei den Frauen).

Eng verknüpft mit dem Wunsch nach Größe, nach Länge, nach Macht ist der Wunsch, alles in Zahlen auszudrücken. Es zu messen und zu beziffern, um es anschließend miteinander zu vergleichen. Wer ist der Beste? Die Vermessung der Welt. Wir messen alles, und dann orientieren wir uns danach, mit der vollen Überzeugung, dass »groß, schnell und viel« das Beste ist. Wirtschaftsexperten und Politiker brauchen anscheinend Zahlen und Statistiken als Entscheidungshilfe und zur politischen Orientierung. Daten, Ratings, Indices. Wachstum, Menge, Quantität scheint das Um und Auf zu sein.

Diese Daten, welche unsere Computer füllen und dann dazu verwendet werden, um Gut und Böse zu unterscheiden. Wir nähern uns dem Zeitalter der Diktatur der administrativen Computer.

→ Bill Gates sagt, dass das Bruttoinlandsprodukt, der beliebteste Indikator der Weltbank, nicht aussagekräftig genug sei und dass wir den afrikanischen Kontinent nicht mit den gleichen Kriterien messen können wie den industrialisierten Westen. Die Banken und Statistiker wollen Wohlstand »messen« und beziffern. Aber Wohlstand hat in Afrika eine andere Bedeutung. Dem stimme ich im Grund zu, doch Bill Gates macht das Gegenteil von dem, was ich mir gedacht habe, was notwendig wäre. Er will noch genauere Messdaten und noch genauere Angaben. Er ist der Meinung, um richtige Entscheidungen zu treffen, muss man messen, messen, messen.

Messen und vergleichen, das ist es, was Politiker heutzutage machen. Es werden Studien publiziert und diese Studien sind dann ein Maß für den Erfolg eines Staates. In der globalen Kompetition um den ersten Platz. Aber was am schlimmsten ist, ist, dass die meisten dieser Studien nicht von Fachkollegen geprüft und überprüft (einem »Peer Review« unterzogen) werden. Die Daten, welche zu diesen Studien verwendet werden, haben hohe Fehlerraten und sicherlich keine wissenschaftliche Genauigkeit. Ich will ja nicht behaupten, dass alle wissenschaftlichen Daten korrekt sind, aber wir Menschen in der Wissenschaft bemühen uns, so gut es eben geht, objektive Messmethoden zu verwenden. Die Daten von »Studien«, die nicht dieser wissenschaftlichen Prüfung unterzogen werden, sind fragwürdig. Nach ihnen richten sich aber viele Menschen – und vor allem viele unserer Entscheidungsträger. Alle wollen diese Mengenangaben. So sind auch alle ganz verrückt nach den Ergebnissen der Rating-Agenturen. Der Wahrheitsgehalt dieser Studien ist in Frage zu stellen, und sie sind sicherlich mit hohen Fehlerraten behaftet.

Was wir Menschen wirklich brauchen, ist keine messbare Größe. Die Three-Inch-Society ist am Ende. Wir brauchen neue Werte!

Wir befinden uns in einem Übergangszustand – einem Zustand, in dem man nicht weiß, in welche Richtung es gehen wird. Es gibt viele Hinweise darauf, dass dieser Übergang schon längst begonnen hat: die Höhlenaussteiger, der Club of Rome, die grüne Bewegung, das Ende des Wachstums. Wir gehen in eine stationäre Phase über, das wissen wir schon längst. Die Werte, die in dieser Phase zählen, werden wahrscheinlich nicht mehr messbar sein. Nicht in dem Sinne, dass man ihnen eine Größe zuordnen wird können. Was ordnet man Begriffen zu, die man nicht in Größe, Menge oder Länge angeben kann? Bei diesem Gedanken wird einem bewusst, wie stark sich das Größendenken in unseren Gehirnen festgefressen hat.

Wird es das »Bruttonationalglück« sein, wie es beispielsweise Bhutan definiert? Wie misst man Lebensqualität, Glück? Wir tun uns schwer, Glück zu definieren. Sogar den Philosophen fällt das schwer, sie definieren Glück oft nur als die Abwesenheit von Leid.

Wir kommen nun zu einer weiteren existenziellen Krisenfrage (wie in Kapitel 8 mit der Frage, ob wir einen freien Willen haben, ob unsere selbst erwählten Handlungen überhaupt eine Bedeutung für die weitere Evolution des Menschen haben, oder ob alles ohnehin determiniert ist). Zu der Frage nämlich, ob der Mensch nur dann motiviert ist zu handeln, wenn er einen unmittelbaren Vorteil daraus zieht. Ist uns das Hemd näher als der Rock? Treibt uns nur die kurzfristige Gier an, nicht die Langfristigkeit?

Die alles entscheidende Krisenfrage ist: Ist der Mensch – wie Thomas Hobbes sagte – des Menschen Wolf, »Homo homini lupus«? Oder schaffen wir es, zur Rettung der Welt, dass der Mensch des Menschen Freund wird?

Oder sind wir eine Osterinsel?

In den letzten Jahrtausenden waren Kompetition, Machtstreben, Kampf um Ressourcen die dominanten Selektionskriterien, die bestimmt haben, wer überlebt und wer nicht. Wir sind darauf selektiert! So haben wir uns evolviert! Schaffen wir es aus eigenen Überlegungen, aus freiem Willen, das zu ändern? Oder geraten wir in eine Orientierungslosigkeit? In eine Sinnkrise?

Können wir durch Erkenntnis dazu kommen, dass wir unsere Ressourcen teilen und die Erde nicht ausrauben? Oder schlittern wir in die Katastrophe und überlassen unser Überleben den Neandertaler-Instinkten? (Ich entschuldige mich hier gleich bei den → Neandertalern. Die waren ja vielleicht gar nicht so. Sie sind ja leider ausgestorben – aber nicht, ohne uns vorher ein paar Gene zu überlassen.)

Wir sind uns jetzt bewusst, wie unsere Geschichte verlaufen ist und überlegen, wie es weitergehen sollte. Nur weil in der Vergangenheit Wettbewerb eine evolutionär erfolgreiche Strategie war und es heute ein Credo zu geben scheint, dass zum Überleben die Wirtschaft ewig wachsen muss, heißt das nicht zwangsläufig, dass es in der Zukunft genauso sein muss. Es herrscht reiner Wettbewerb in der Wirtschaft, die Firmen machen sich gegenseitig kaputt. Wir spielen mit unserer Wirtschaft Evolution. Und die ist ganz auf Wachstum ausgerichtet. Und das ist eigentlich nicht das Richtige, denn das hat zur Folge, dass der Mensch sich der Wirtschaft opfern muss. Der Mensch für die Wirtschaft statt die Wirtschaft für den Menschen. Es sollte doch umgekehrt sein!

Momentan müssen die Menschen sich für die Wirtschaft opfern: Wir brauchen Arbeitsplätze, die Wirtschaft muss wachsen, das ist das Wichtigste. Das ist unser Credo. Und wir opfern uns und unsere Erde dafür auf. Und immer wieder diese Panikmeldungen, die Wirtschaft Europas schrumpft. Und es wird immer noch vermittelt, dass es schlecht ist, wenn wir nicht wachsen. Panik und Ratlosigkeit breiten sich aus. Dabei ist das einfach der Übergang in die neue Phase. In die stationäre Phase. Die muss nicht weniger dynamisch sein – nur dass wir die neue Bewegung vielleicht nicht mehr in km/h messen können.

Als welche Epoche werden wir in die Menschheitsgeschichte eingehen? Als die Epoche des Wachstums? Als die »log«-Phase-Epoche? Als Three-Inch-Epoche?

Ich frage mich also: Wie werden wir uns anpassen? Wie kommen wir von diesem Messwahn wieder los? Hören wir doch auf, uns zu messen und zu vergleichen! Suchen wir doch nach neuen Kriterien!

Wir können es selbst bestimmen. Es liegt an uns zu entscheiden!

Wir können bestimmen, welches Menschenbild wir in Zukunft haben wollen. Theoretisch können wir jetzt die Kriterien festlegen, die in Zukunft selektiert werden. Ich bin davon überzeugt und es ist mein Verständnis von Evolution. Es ist wie ein Spiel. Dabei geht es nicht um Klonen oder solche Dinge, der Mensch hat diese Gedanken schon längst gehabt. Das wäre eine evolutionäre Sackgasse. Wir brauchen Vielfalt und Variabilität. Die sexuelle Rekombination hat sich durchgesetzt, weil dabei viel mehr Möglichkeiten zur Vielfalt entstehen. Wir sollen uns nicht einseitig vermehren, sondern vielseitig.

Wir haben erkannt, dass unsere technischen Errungenschaften sehr wohl einen Einfluss auf die Selektion haben (siehe Kapitel 7). Entwickeln wir Menschen uns nun artifiziell in eine von der Technik vorgegebene Richtung? Tun wir es bewusst? Durchleben wir eine Co-Evolution des Menschen mit unserer IT-Technologie? Sind wir uns dessen bewusst, dass wir dabei den Menschen in eine Richtung treiben? Wissen wir, welches Menschenbild das ergeben wird? Welches Bild ist es, das wir generell haben wollen? Was wollen wir?

Wird es überhaupt noch genetische Selektion geben?

Wir haben erkannt, dass wir nicht weiterwachsen dürfen. Dass es ideal wäre, wenn sich eine weltweite Fertilitätsrate von zwei Kindern pro Frau einstellt. Dass die Menschenwachstumskurve zum Stillstand kommt. Dass die Kindersterblichkeit quasi ausgeschaltet wird, weil jede Frau in der Lage sein wird, ihre (im Durchschnitt!) zwei Kinder durchzubringen. Heißt das, dass dann keine Selektion mehr stattfindet?

Früher haben die meisten Frauen sehr viele Kinder bekommen, die meisten davon sind aber gestorben, bevor sie selbst Kinder bekommen konnten, und nur die Fittesten und Angepassten haben überlebt und sich reproduziert. Die Kindersterblichkeit in der westlichen Welt ist heute minimal. Eine bestimmte Selektion vor der Geburt wird es schon geben, aber um die geht es gar nicht. Und es wird das Spielchen geben, welcher Mann welche Frau bekommt. Aber die richtige genetische Selektion im Sinne Darwins ist ausgeschaltet. Wir passen uns jetzt kulturell an unsere Meme an!

Ich denke: Warum sollte Selektion immer stattfinden? Es gibt doch keinen Grund dafür! Es wird eben nur manchmal selektiert, in Krisensituationen. Dies ist der Zyklus der Evolution, es gibt Amplifikation, also die Herausbildung vieler Variationen, und dann wird wieder selektiert. Aber wann und nach welchen Kriterien? Menschengemachte oder naturgegebene?

Wir werden uns in den nächsten Jahren wahrscheinlich kaum mehr genetisch selektieren. Sondern memetisch. Welche Gedanken, Ideen, Gesinnungen in Zukunft dominieren werden, liegt bei uns. Wo wollen wir hin? Wo stehen wir?

Ich denke, dass wir vor dem Umbruch stehen, wahrscheinlich schon mittendrin sind. Es gibt sehr viele Indizien dafür. Eine große Frage für mich ist: Schaffen wir es, diesem Zustand zu entkommen,

in dem der Mensch des Menschen Wolf ist? Wir brauchen keinen
→ Dschihad! Wir müssen einen Zustand erreichen, der heißt: Der
Mensch ist des Menschen Freund! In dem man nicht versucht, den
anderen auszuschalten, sondern erkennt, dass man gemeinsam
glücklich sein kann. In kultureller Vielfalt!

Der Mensch ist des Menschen Wolf. – Aber nur, wenn es nicht
genug Ressourcen gibt. Wenn wir genug Ressourcen haben und
kein Mensch Macht über den anderen hat, dann erkennen wir
vielleicht, dass der Mensch des Menschen Freund ist. Die Grund-
bedürfnisse müssen wir decken, damit Friede sein kann.

Damit wir in ein neues Zeitalter übergehen können: das Zeitalter des Weiterdenkens. Es beginnt im nächsten Kapitel.

KAPITEL 11

Weiterdenken

Oder: Neue Meme braucht der Mensch

Wir brauchen eine wesentlich neue Denkungsart, wenn die Menschheit am Leben bleiben soll.   Albert Einstein

Die Angst, weitergedacht.

Dieses Kapitel ist eine Aufforderung. Es ist die eindringliche Aufforderung, nachzudenken. Zu denken – und vor allem: weiterzudenken. Nicht auf halbem Wege aufzuhören, aus Angst, am Ende könnte eine Erkenntnis stehen, die wir nicht ertragen können. Angst ist eine Quelle des Leids und hindert am Denken. Oft wird uns mit Drohungen Angst gemacht. Aber denken wir weiter, stellen wir fest: Es lohnt sich und es steckt selten etwas Angstmachendes dahinter. Die große Wissenschaftlerin → Marie Curie sagte: »Im 20. Jahrhundert braucht man keine Angst vor den Dingen haben – man kann sie verstehen.« Weiterdenken ist das beste Mittel gegen irrationale Angst.

Das Nichts, weitergedacht.

Wenn man weiterdenkt und weiterdenkt und immer weiterdenkt, landet man unweigerlich bei der Sinnfrage. Wozu das Ganze? Was ist der Sinn des Lebens? Vor dieser Frage haben wir anscheinend Angst. Vor dieser Leere, die uns hinter diesem Gedanken erwartet. Vor der Erkenntnis, dass da ein »Nichts« ist. Das

Nichts haben wir schon (in Kapitel 7) als ein Mem identifiziert. Als Mem, das wir eigentlich nicht verstehen.

Ich habe im Internet einen Vortrag aufgestöbert. Der amerikanische Physiker → Lawrence Krauss spricht zusammen mit dem britischen Biologen Richard Dawkins über den Ursprung der Physik. Dabei geht es unter anderem darum, wie das Gewicht des Universums gemessen wird und wie festgestellt wird, dass dieses um null, um das Nichts pendelt. Also eigentlich sind die Abweichungen vom Nichts, plus und minus, das, was »ist«. Das Sein besteht aus kurzen Impulsen rund um den Nullpunkt, und das Nichts ist im Prinzip der Durchschnittswert. Es kommt alles aus dem Nichts und geht ins Nichts zurück. Das »Nichts« ist für Lawrence Krauss ein Quantenvakuum!

Ich finde das unheimlich spannend, weil wir eigentlich Angst haben vor dem Nichts. Dabei ist es nicht nur in der Physik, sondern eigentlich auch in der Biologie so, dass alles dual ist, positiv und negativ, plus und minus – alles pendelt um null. Die Gegensätze komplementieren sich in null, sie heben sich auf, wenn sie zusammenkommen. Das Zusammenkommen ist das, was wir nicht kennen, von dem wir nicht wissen, was es ist! Wir haben das einfach als das Nichts bezeichnet. Oder als null. Die Frage, die bleibt, ist: Was ist dieses Null? Was ist das Nicht-Sein? Wir haben keine Vorstellung davon, was es sein könnte. Aber es ist eindeutig ein Mem, ein Instrument, das wir uns kulturell erdacht haben. Eine Idee, die wir verwenden, um unser Weltbild aufzubauen. Dabei haben wir echt Schwierigkeiten damit!

Und dieses Weltbild stimmt in manchen Dingen nicht. Wir haben gelernt, dass der Raum dreidimensional ist – sowohl aus unserer eigenen Erfahrung als auch in der Schule –, und wir können uns einen vier- oder mehrdimensionalen Raum nicht vorstellen. Der Raum ist aber gar nicht dreidimensional, er ist gekrümmt! Oder flach? Fragen Sie Lawrence Krauss. Wenn man in eine Richtung geht, kommt man irgendwann wieder zurück zum Ursprung. Das Sein ist eben nicht linear und nicht unendlich. Die

Unendlichkeit, die Geradlinigkeit, das sind die Meme, die in unseren Gehirnen feststecken. Wenn man all diese Dinge konsequent weiterdenkt, wird einem ganz anders. Es ist eine Übung. Ich trage alle Fakten zusammen, füge sie in mein Weltbild ein und denke darüber nach, was das nun bedeutet und welchen Einfluss es auf das Geschehen hat. Mulmig. Irritierend. Ich muss aber trotzdem weiterdenken. Und wenn ich bei dem Nichts ankomme, ist es: spannend. Nicht das Ende.

Die Sinnfrage, weitergedacht.

Ob man atheistisch ist oder gläubig – wenn man weiterdenkt, landet man automatisch bei der Sinnfrage. Wodurch sie motiviert ist, ist letzten Endes egal. Auch der Sinn und die Sinnfrage sind Meme. Die wichtige Erkenntnis ist: Wir können, wenn wir wollen, unserem Dasein einen Sinn geben. Es liegt an uns, das zu tun. Der Sinn ist nicht einfach da, es gibt nicht »den Sinn« an sich. Er muss erst entstehen, und zwar dadurch, dass wir ihn wollen, ihn brauchen und ihn erfinden. Wie alles in diesem Universum aus dem Nichts entstanden ist und weiterhin entsteht, muss auch der Sinn entstehen. Diese Erkenntnis mag schwerwiegend sein. Damit müssen wir uns abfinden. Es liegt an uns, dem Ganzen einen Sinn zu geben, wir können nicht darauf warten, dass uns jemand sagt: »Das ist der Sinn des Lebens.«

Denn das funktioniert nicht. Ein Sinn kann niemandem aufgezwungen werden. Das ist es, warum Diktaturen letztlich zugrunde gehen. Alles andere ist autoritär, aufgezwungen und nicht das, was eigentlich im Menschen steckt. Wir Menschen wehren uns gegen aufgezwungene Sinngebungen. Deswegen haben diktatorische Systeme auch keine Langlebigkeit. Eine demokratische Gesellschaft, die, wie jede Gesellschaft, eine gewisse Ordnung braucht, braucht auch vernünftige Gesetze, die anerkannt werden, um bestehen zu können. Es wird immer ein paar Menschen geben, die sich nicht an die Gesetze halten. Wenn die Gesetzgebung aber von der Mehrheit nicht akzeptiert wird, wenn die Menschen unterdrückt werden, ihnen eine Sinngebung aufgedrückt wird – dann wird der

Widerstand zu groß und das System kippt. Dann ist das Weltbild nicht nachhaltig. Kurzfristig werden ein paar Menschen dominieren und profitieren. Aber langfristig wird das keinen Bestand haben. Die Sinnfrage ist ein (tolles!) Mem. Dabei ist es ganz egal, ob die Sinngebung religiös oder rational ist. Wenn ein Mensch dem Leben einen religiösen Sinn geben möchte, soll er das tun; ein anderer zieht den Sinn aus dem rationalen Denken. Doch auch die christliche oder religiöse Sinngebung zerfällt, wenn wir weiterdenken. Was erwartet uns, wenn wir das Paradies auf Erden erreichen, wenn also alle zwei Kinder haben und die Ressourcen gerecht verteilt sind?

Wir müssen erkennen, dass das Leben für sich keinen Sinn hat. Das Gegenteil zu behaupten, ist nicht nur ein Mem, es ist auch ein philosophisches Scheinproblem. Es hilft uns aber nicht weiter, weil wir Menschen dieses Mem nun eben geschaffen haben und jetzt damit fertig werden müssen. Die einzige Lösung aus dieser Krise ist: Wir selbst müssen dem Leben einen Sinn geben! Ganz einfach! Und gibt es etwas Besseres und mehr Glück Stiftendes, als zu wissen, dass wir das tun können? Dem Leben einen Sinn geben!

Was ist dann? Können wir damit überhaupt umgehen? Mit der Freiheit, dass wir dem Leben einen Sinn geben müssen? Denn wir sind dafür nicht selektiert worden. Wir haben dies noch nicht gelernt! Wir sind für den Wettbewerb, die Kompetition selektiert worden. Wir haben uns an das Faustrecht gewöhnt und sind gerade erst dabei, etwas Besseres zu erfinden. Können wir uns memetisch überhaupt daran anpassen, im »Paradies« anzukommen? Was ist überhaupt das Paradies? Auch nur ein Mem! Aber eines, in das sich jeder von uns gerne einmal, oder auch öfters, im Traum verirrt.

Die Evolution, weitergedacht.

Wenn wir weiterdenken, weiterdenken und immer weiterdenken, kommen wir zum Begriff des Nichts. Das halten wir irgendwie nicht aus. Verständlich. Das haben die Religionen ja wunderbar erkannt und ein sehr wirksames Rezept dagegen entwickelt: Sie haben dem Leben ein Ziel (und damit einen Sinn) gegeben.

Das Ziel lautet: eingehen in das Himmelreich. Und dann haben sie den Schäfchen das Denken untersagt. Die Früchte vom Baum der Erkenntnis sind verboten. Nun mussten die Menschen aber beschäftigt werden, also wurde ihnen nahegelegt, viele Kinder zu bekommen. Und das hat eigentlich gar nicht gut funktioniert. Wir sind zweitausend Jahre lang ja so gut wie nicht gewachsen. Der Selektionsdruck war zu hoch! Erst als die Aufklärung kam und der Mensch sich kreativ entfaltete, den Selektionsdruck verminderte, ist er gewachsen. Die meisten Menschen leben zwar noch mit dem Gottesmem im Kopf, handeln aber schon lange nicht mehr danach. Der kreative Mensch hat sich evolutionär entfaltet. Er weiß es nur noch nicht!

Und dann hat sich noch ein weiterer Menschentypus erfolgreich durchgesetzt, der → Menschenwolf. Ressourcenknappheit führt zu Wettbewerb, Kompetition. Eines der Hauptselektionskriterien in der Evolution. Wer den anderen umbringt, um an die Ressourcen ranzukommen, gewinnt. Kurzfristig.

Aber das genügt nicht. Wer zu aggressiv ist und zu kompetitiv, der kümmert sich nicht um die Aufzucht der Nachkommen. Daher sind beide Eigenschaften erfolgreich gewesen: sowohl aggressive Kompetition als auch intelligente Kollaboration inklusive Altruismus (siehe Kapitel 5). Wir haben Menschen, die sehr kompetitiv sind. Unsere ganze Wirtschaft ist total auf Wettbewerb ausgerichtet, messbar, quantitativ. Aber andererseits ist in der Gesellschaft auch ganz starke Kollaboration vorhanden. Erst die Kombination aus Kollaboration und Kompetition ist ein erfolgreiches Evolutionsmodell. Wenn das eine überhandnimmt, dann wirkt es sich schlecht auf die Nachkommen aus. Weil es nicht nachhaltig ist.

Die große Frage, wenn wir das Menschenbild der Zukunft bestimmen müssen, ist: Kommen wir ohne Kompetition aus? Wie wollen wir sein? Das sind sehr heikle Fragen: Wenn wir an diesem Punkt weiterdenken, landen wir schnell bei der → Eugenik. Sobald die Kompetition stark ist, werden Spielregeln eingeführt, die schnell zu Selektionskriterien ausufern können. Wenn wir erkennen, dass der Mensch selbst bestimmt, was aus ihm wird, müssen wir erkennen, dass wir Gefahr laufen, in eugenische Diskriminierungen zu fallen. Das dürfen wir selbstverständlich nicht zulassen; die Eugenik hat ein historisch und ethisch höchst belastetes Erbe – nicht nur, aber vor allem auch durch die nationalsozialistische »Rassenhygiene«. Außerdem lehrt uns die Evolution, dass Diversität und Vielseitigkeit die besten Voraussetzungen schaffen, um zu überleben. Wie kann es also funktionieren? Lassen wir den Dingen freien Lauf? Legen wir Rahmenbedingungen fest, die keine Extreme zulassen? Wir müssen weiterdenken, denn die Zukunft des Menschen ist nicht vorherbestimmt.

Verantwortung, weitergedacht.

Die Zukunft kann nicht vorhergesagt werden, weil sie noch nicht feststeht. Sie entsteht erst in Abhängigkeit davon, was jeweils davor passiert. Also macht es keinen Sinn, sie voraussagen zu wollen. Man könnte sie erraten oder bei genug Vorwissen angeben, mit welcher Wahrscheinlichkeit manche Ereignisse eintreten könnten. Entscheidend ist aber: Es liegt ans uns, die Zukunft zu gestalten.

Diese Aufforderung ist angsteinflößend: dass da nicht jemand ist, der sich um alles kümmert, sondern dass wir selbst die Handelnden sein müssen und sind. Und dass wir die Verantwortung für unser Handeln selbst tragen. Auch die Verantwortung für das Nicht-Handeln (siehe Kapitel 8)!

Es gibt ein Buch, dessen Titel ich toll finde (auch wenn mich der Inhalt nicht so begeistert): »The Brain That Changes Itself«. Das Gehirn, das sich selbst verändern kann. Durch den eigenen Willen kann das Gehirn umgemodelt werden. Genau! Wir bestimmen, wie wir selbst evolvieren. Und zwar in dem Moment, in dem wir erkennen, dass wir für unsere Handlungen Verantwortung tragen und dass diese Folgen haben. Ja, es ist angsteinflößend. Und jetzt kommt noch ein weiterer beängstigender Gedanke: Alle diese Bücher, die über die Zukunft, die Technologie, die Welt von morgen sprechen, lassen den Menschen aus. Einige überlegen sich, wo der Mensch wohnen wird, wie er sich verhalten wird und was er machen wird. Aber kaum jemand macht sich ein Bild davon, wie dieser Mensch sein wird.

Dieses absolute Erkennen und sichere Wissen, dass wir verantwortlich sind dafür, wie es weitergeht: Es mag ein banaler Gedanke sein. Doch dabei geht es nicht allein um das Verbrauchen von Ressourcen oder darum, dass die Welt vom Klimawandel bedroht ist. Es geht auch darum, wie der Mensch selbst evolviert, was aus ihm wird. Wir Menschen tragen die Verantwortung dafür, wir determinieren, wie wir uns weiterentwickeln. Es bleiben zwar viele unvorhersehbare Möglichkeiten übrig, die wir nicht ahnen und nicht bestimmen können, aber das ändert nichts an der Tatsache, dass wir die Handelnden sind.

In unserer westlichen Welt erleben wir wenig Ressourcenknappheit. Unser Leidensdruck ist deshalb nicht gerade hoch. Er zwingt uns nicht, etwas zu ändern. Aber vielleicht ist es die Angst vor der Zukunft, denn in dieser Hinsicht ist unser Leidensdruck doch groß. Und das war für die Denker immer schon so. Wahrscheinlich ist es genau das, was die Leute vom Denken abhält. Weil ein solches Leiden für viele unerträglich ist. Nicht umsonst haben sich viele Philosophen umgebracht. »Der ist verrückt«, ist dann oft zu hören. Der war nicht verrückt. Der hat nur in eine Richtung weitergedacht, die fernab von der genormten Meinung der breiten Masse war. Der hat die Höhle verlassen.

Höhlenaussteiger. Wie viele verträgt eine Gesellschaft? Ich denke zum Beispiel an Nordkorea. Dort wächst heute die dritte Generation heran, die unter einer Diktatur mit totaler Unterdrückung des Denkens lebt. Die freien Denker werden in Lager gesperrt. In dem Buch »Flucht aus Lager 14« schildert ein nordkoreanischer Mann, der im Straflager geboren wurde und mit 23 Jahren die Flucht geschafft hat, wie dort versucht wird, das »schlechte« Gedankengut verschwinden zu lassen. Es werden drei Generationen einer Familie ins Lager gesteckt, um sicherzugehen, dass die Gedanken aussterben. Das muss die Hölle sein! Wer verhält sich angepasst, wer ist ein Höhlenaussteiger? Warum gibt es keine globalen Bestrebungen, die Nordkoreaner zu befreien? Sind sie uns egal? Kann so etwas möglich sein?

»The Brain That Changes Itself«. In der Evolution entsteht das, was entstehen kann. Wenn wir Menschen lernen, zu denken, und uns dieses Verhalten einen Vorteil bringt, wird sich das Denken durchsetzen können. Wenn es aber ein Vorteil ist, sich ohne zu fragen wie ein Schaf in der Herde zu verhalten, dann wird sich dieses Verhalten ebenso durchsetzen. Was natürlich sicher immer der Fall war und ist: Der Denker, der sich gegen die religiöse Demenz und die Norm auflehnt, der Höhlenaussteiger, ging und geht immer ein höheres Risiko ein, getötet zu werden. Deshalb hat sich dieses Verhalten nicht so leicht durchgesetzt. Der Querdenker hatte einen sozialen und evolutionären Nachteil. Hat er diesen immer noch?

Das Menschenbild, weitergedacht.

Der Mensch, der sich weiterentwickeln wird, ist einer, der nicht ums tägliche Überleben kämpfen und nicht mehr die grundlegenden Dinge mit seiner eigenen Arbeitskraft erledigen wird müssen. Er muss nicht erst Brennholz sammeln und ein Feuer entzünden, um zu kochen, nicht selbst ein Haus bauen, nicht am Fluss Wäsche waschen. Das heißt: Er hat jetzt – zum ersten Mal in der Geschichte der Menschheit – den Luxus, die Zeit, die Freiheit zu denken. Und das haben wir nicht gelernt. Wir wissen nicht damit umzugehen. Und das ist auch sehr angsterregend. Aus Angst werden viele zu Konsumenten und wollen sich immer nur ablenken mit Musik, Entertainment. → Homo consumens.

Das Menschenbild des Homo consumens ist natürlich für die Wirtschaft toll. Jedes Unternehmen will ihn haben. Jeder möchte seine Kundentreue. Dafür bekommt er eine tolle Kundenkarte. Er wird spezifisch betreut, seine Wünsche werden erfüllt, die Werbeprospekte flattern perfekt abgestimmt auf seine Vorlieben ins Haus. Aber was ist das für ein Mensch? Was ist das Menschenbild, das dahintersteckt? Der Mensch ist nicht mehr das urzeitliche Gegenstück zum Wolf. Er ist etwas Neues. Ein neuer Mensch! Der digitale Mensch? Wenn der digitale Mensch beschrieben wird, wird immer beschrieben, was er tut. Wie er handelt. Aber nicht, wie er ist, wie er denkt, was seine Sehnsüchte sind. Diese Sucht nach dem Internet, die da aufkommt: kaufen, chatten, Filme schauen – einfach ablenken, ablenken, ablenken. Wovon will der Mensch so abgelenkt werden? Wovor hat er Angst? Vor der Leere, vor der Stille, vor der Sinnfrage, vor dem Denken?

Der vernetzte Mensch ist sicher eines der Menschenbilder der Zukunft. Die Kommunikation ist allgegenwärtig und wird immer umfassender. Ob das gut ist oder schlecht, wissen wir nicht. Wir müssen es auch gar nicht bewerten. Aber ich persönlich glaube, dass das Internet sensationell ist. Es bietet Zugang zum globalen Wissen. Für die Spielsüchtigen und Kaufsüchtigen und Unterhaltungssüchtigen ist es eine Gefahr; viele Menschen gehen daran auch zugrunde. Vielleicht ist das ein Selektionskriterium der Zukunft: wie man mit dieser Flut an Information und an Möglichkeiten umgehen kann.

In vielen Bereichen hat das Weiterdenken keinen Platz. Am Wiener Flughafen stand ich kürzlich vor einem leeren Schalter, doch zwischen mir und dem Schalter waren Absperrbänder aufgestellt, die einen geschlängelten Weg bis zum Schalter markierten. Ich hätte vier lange Schleifen absolvieren sollen. Das empfand ich als unsinnig und schlüpfte kurzerhand unter den Absperrbändern durch. Sofort wurde ich gemaßregelt, das dürfe ich nicht. Ich erklärte, was das Geniale an diesen Bändern sei, nämlich, dass man sie umstecken und dem Bedarf anpassen könne. Der Mitarbeiter verwies mich an die Servicehotline, dort könne ich mich beschweren. Das schockiert mich. Denn der Punkt ist: Die Angestellten dürfen überhaupt nicht selbst entscheiden, ob und wann und wie sie die Absperrbänder umstecken. Sie machen nur das, was man ihnen sagt, was zu tun ist. Das ist ein Grundproblem der heutigen Welt.

Ein Mitarbeiter hinter dem Schalter einer Bank kann nur ausführen, was der Computer zulässt. Der Computer wurde aber von jemandem programmiert, der noch nie hinter dem Schalter gestanden ist. Der Bankangestellte hat gar nicht die Möglichkeit, mit seiner sozialen Kompetenz seine Kunden individuell zu behandeln. Er ist total entmündigt bei der Abwicklung seines Jobs. Selbstverantwortung ist so weder möglich noch erwünscht. Eine Art digitale Entmündigung.

In einer Zeitschrift las ich von Migranten, die über ihre ersten Tage und Wochen in Deutschland berichteten. Eine Frau gab bei einer Behörde auf die Frage nach ihrer Augenfarbe »Schwarz« an. Der Sachbearbeiter sagte, dass die dunkelste Farbe, die in seinem Computerprogramm vorgesehen ist, Braun sei. Der Angestellte kann nur aus den vorgegebenen Knöpfen wählen und verliert seine Kreativität – und dann auch seine Freiheit. Deshalb sind diese Jobs auch so zerstörerisch.

In vielen Bereichen hat das Weiterdenken keinen Platz.

Der Konsument ist das Zielobjekt. Er wird einerseits hofiert, damit er ja wiederkommt. Wieder bei der gleichen Airline fliegt. Wieder zur gleichen Bank geht. Andererseits wird er aber in Geiselhaft genommen. Man will ihn beherrschen. Die Konzerne wollen den Homo consumens in- und auswendig kennen, um ihm Werbung schicken zu können, damit er wieder Lust bekommt, zu konsumieren.

Ist das die Evolutionsschiene, in der sich der Mensch entwickeln wird? Was wird er sich gefallen lassen?

Das Denken ist vielleicht aus der Mode gekommen. Aber jetzt haben wir uns lange genug bespaßt am Internet und an den technologischen Neuheiten. Die Informationen sind da, wir haben alle Zugriff darauf. Und jetzt könnten wir wieder zu denken beginnen. Es liegt an uns, dem Leben und uns einen Sinn zu geben, wenn wir das wollen. Und es ist egal, ob diese Sinngebung religiös oder rational ist. Wirklich egal. Solange uns die Weiterexistenz der Menschen auf unserem Planeten wichtig ist. Es ist unsere Entscheidung.

Willkommen im Zeitalter des Weiterdenkens.

KAPITEL 12

Was wir (Frauen) wollen

Oder: Lilith, Eva, Maria und – Europa?

Mein Leben gefiel mir nicht. Also habe ich es erfunden.

→ Coco Chanel

Sobald ein Mensch aus seiner Höhle klettert und beginnt, seine Umwelt wahrzunehmen, fängt er auch an, sich ein Bild zu machen. Er versucht, alle seine Beobachtungen in Einklang zu bringen. Er entwickelt sein Weltbild. Das erscheint anfangs als ein unmögliches Unterfangen. Und das ist es auch. Denn so ein individuelles Weltbild wird nie fertig sein, es ist im ständigen Wandel. Aber es lohnt sich trotzdem, daran zu arbeiten und einem immer kohärenter werdenden Weltbild zuzusteuern. Es ist eine Annäherung an die Wirklichkeit. Wirklich nur eine Annäherung. Wir werden nie ankommen. Wozu auch? Was würden wir dann tun?

Wenn das Bild, das wir von uns selbst haben, immer kohärenter, immer stimmiger wird, dann werden wir uns auch immer leichter tun, zu wissen, was gut und was schlecht ist. Wir werden wissen, was wir wollen. Der Gedanke, dass unserer Fantasie wenige Grenzen gesetzt sind, ist für mich sehr aufregend. Solange wir ein paar Regeln befolgen und unseren Mitmenschen die gleichen Freiheiten wie uns selbst zugestehen.

Wir haben bereits festgestellt, dass die Zukunft nicht vorausgesagt werden kann. Weil sie erst in Abhängigkeit davon entsteht, was im nächsten Moment passiert. Also macht es keinen Sinn, sie voraussagen zu wollen. Wir können sie erraten oder eine Wahrscheinlichkeit angeben, mit der bestimmte Ereignisse eintreten werden, wenn wir weiter so tun, als wäre all dies nicht die Folge unseres Handelns bzw. unseres Nicht-Handels. Die Wahrscheinlichkeit etwa, mit der Fische in einem See aussterben, wenn wir Gift hineinschütten. Die Wahrscheinlichkeit, mit der indische und chinesische Männer keine Frau finden werden, wenn ihre Gesellschaften weiterhin einen dermaßen eklatanten Überschuss an Männern gebären und Frauen sterben lassen. Die Statistiker können unter Einbeziehung der demografischen Daten genau bestimmen, wie sich das auf das Bevölkerungswachstum auswirken wird. Aber sobald es um Voraussagen geht, die von vielen nicht vorhersagbaren Ereignissen abhängen, sind solche Prognosen wertlos.

Wer hätte in den Fünfzigerjahren des vorigen Jahrhunderts gedacht, dass sich Frauen in ihrem Reproduktionsverhalten so schnell ändern und sich auf eine Fertilitätsrate von zwei Kindern einstellen? Das kann sich natürlich schnell wieder ändern. Aber je besser wir verstehen, wie wir und die Welt funktionieren – und dass wir sehr wohl ein gewichtiges Mitspracherecht bei diesem Entwurf haben –, desto größer ist die Chance, dass wir gute Ideen haben und umsetzen werden.

Können wir Entwicklungen stoppen? Haben wir einen Einfluss auf die Entwicklung der Menschheit? Ich denke: Diese Wahl haben wir nicht mehr. Wir MÜSSEN handeln – das ist unsere einzige Chance! Es ist unsere Pflicht, darüber nachzudenken, wie zu handeln ist.

Wir können negative Entwicklungen abwenden, indem wir unser Verhalten ändern. Indem wir klar definieren, was wir wollen. Und was nicht. Denn es ist viel einfacher zu sagen oder zu wissen, was man nicht will. Nicht-Wollen kann sehr stark ausgeprägt sein. Viel stärker als das Wollen!

Es ist sehr schwer zu sagen oder zu wissen, was wir wollen. Wir bekamen diese Frage in unserer Geschichte so gut wie nie gestellt.

Wir haben darin keine Übung. Die Frage ist hier: In welcher Welt wollen wir in Zukunft leben? Welche Welt hinterlassen wir unseren Kindern? Das ist keine leichte Aufgabenstellung, denn wir wissen nicht, welche Umstände in der Zukunft herrschen werden. Aber wir können leicht erraten, was passieren wird, wenn wir die Menschenwachstumskurve (siehe Kapitel 2) anschauen und dann nicht schnell, aber sehr schnell, reagieren und etwas ändern: das Wachstum eindämmen! Nicht nur das Bevölkerungswachstum, auch die Wirtschaft kann nicht so weiterwachsen und weiterhin wertvolle Ressourcen vergeuden, nur um Müll zu erzeugen.

Wir brauchen neue Werte.

Ich habe viele Frauen gefragt: »Was willst du?« Alle, ja wirklich alle, wollen Veränderung – in dieselbe Richtung. Eine Änderung der Grundwerte, eine Entschleunigung, mehr Nachhaltigkeit, diesen ständigen Wettbewerb stoppen, diese Kompetition um alles, auch um vollkommen sinnlose Dinge, einfach nur um der Erste zu sein – egal wobei, einfach nur Erster. So als wäre es das Wichtigste auf dieser Welt. »The number one nation in the world« zum Beispiel, die führende Nation der Welt – nach welchen Kriterien? Da möchte ich wieder Helmut Qualtinger zitieren: Wir wissen zwar nicht wohin, aber Hauptsache, wir sind als Erste dort. Frauen sind es leid, diesem ewigen und sinnlosen Treiben zuzuschauen. Und sich womöglich auch noch daran beteiligen zu müssen.

Die Werte, die heute – vor allem in der Wirtschaft – dominieren, sind männlich konnotierte Werte. Wir Frauen auf der ganzen Welt wollen diese Werte nicht mehr. Denn sie sind für Frauen eher nervend, wenn nicht sogar lächerlich bis gefährlich. Wir brauchen eine Stärkung der weiblichen Werte zur Rettung der Welt.

Dieses Kapitel ist den Frauen gewidmet, weil vom Frauenbild so vieles ausgeht. Das Männerbild wandelt sich gleichzeitig mit dem Frauenbild. Es ist wie in der chinesischen Symbolik des Yin und Yang. Es sollte eine Balance geben zwischen männlich und weiblich. Das Männliche dominierte bisher und bis heute zu stark.

Größe, Stärke, Schnelligkeit, Quantität, Hierarchie, Macht. Statt Schönheit, Harmonie, Geschmeidigkeit, Qualität und Gemeinsamkeit.

Das stelle ich nun als Hypothese und Wunsch fest: Wir Frauen wollen eine Welt nach unserem Maß. Wir wollen, dass das weibliche Europa eine Vorreiterin für den Wandel der Welt wird. Wir brauchen ein neues Menschenbild – ein neues Männerbild und ein neues Frauenbild. Deshalb leihen wir uns den Namen von der griechischen Göttin → Europa (nur den Namen, denn die Figur ist uns doch zu passiv und auf ihre Funktion als Halbgötter-Gebärende reduziert). Wir geben einem neuen Frauenbild ihren Namen. Unsere Europa ist die Vorreiterin für den Wandel in der Welt.

Wir brauchen dieses neue Frauenbild, denn die bisherigen, der Bibel entlehnten Vorbilder genügen uns nicht mehr.

→ Lilith, die erste Frau Adams, die ihm gleichberechtigt und ebenbürtig war. Die nicht gehorchen wollte, sich nicht unterwerfen wollte und deshalb floh. Die Selbstbewusste, die Weise, die dämonisiert wurde, weil Männer vor ihr Angst hatten. Sie ist eine unheimlich spannende, zwiespältige Figur. Vom Feminismus wird sie vergöttert.

Da war → Eva schon praktischer, Adam bekam sie als Ersatz für die untreue Lilith. Sie steht für das Durchschnittsbild der Frauen: Sie ordnet sich einem Mann zwar unter, rächt sich aber und »versündigt« sich. Die italienische Schriftstellerin → Oriana Fallaci sagte: »Nicht die Sünde wurde geboren, als Eva den Apfel pflückte. Geboren wurde an diesem Tag vielmehr eine großartige Tugend, Ungehorsam genannt.«

Und dann kam → Maria, die perfekte Erfindung des Christentums, um die Frauen zum Schweigen zu bringen. Das Frauenbild, das sie vertritt, ist das schlimmste, das man sich hätte ausdenken können. Sie verkörpert die Reinheit, die Keuschheit. Sie schweigt und leidet. Eine leicht Übersehbare und Überhörbare. Eine Burkafrau.

All diese Frauenbilder haben eines gemeinsam: Sie genügen nicht mehr. Wir brauchen ein neues Frauenbild, die neue Europa. Unsere Europa soll eine Denkende, Wissende, Kreative und Liebende sein. Keine moderne Superfrau, die ständig geschäftig sinnlosen Idealen nacheifert und dann immer noch der Meinung ist, dass sie nicht gut genug ist. Europa weiß, was wichtig ist. Sie ist selbstbewusst. Und ungehorsam.

Unser Kontinent Europa hat eine Vorreiterstellung inne: Er wird als Erster in eine neue Zeit, in die nicht von Wachstum beherrschte Epoche eintreten. Dazu brauchen wir neue Ziele, neue Ideen. Wir müssen uns dabei neu erfinden und haben bereits erkannt, dass das möglich ist. Und gut ist.

Wie wir bereits wissen, wird die Zukunft der Frauen nicht mehr ausschließlich dem Gebären gewidmet sein. Früher, bei niedriger Lebenserwartung und fünf bis zehn Geburten pro Frau, war das Gebären und Aufziehen der Kinder ja ihr ganzes Leben. Heute, bei einer Fertilitätsrate von zwei Kindern pro Frau und 90 bis 100 Jahren Lebenserwartung, können wir Frauen uns anders definieren. Auch als Mütter, aber nicht nur. Als »Mütter plus«. Als kreative Gestalterinnen der Lebensqualität.

Ebenso werden sich die Aufgaben der Männer ändern. Sie werden nicht mehr die alleinigen Familienerhalter spielen müssen, die alles entscheiden – egal ob sie ausreichend Informationen dafür haben oder nicht. Die Männer werden mit Europa eine Freundin, Partnerin, Mutter, Großmutter, Spielgefährtin bekommen, die mit ihnen die schönsten und tiefsten Glücksmomente teilen wird.

Wir erfinden Europa jetzt neu! Was wollen wir von Europa?
Wir werden so selten gefragt, was wir wollen. Deswegen ist es auch so schwer, eine Antwort zu geben. Vor allem, wenn es darum geht, welches Menschen-, Männer- und Frauenbild wir für die Zukunft wollen. Den Wunschmenschen zu entwerfen, ist eine schwierige Übung. Weil es ein Bild sein wird, das aus dem momentanen Zeitgeist entsteht. Zu einer anderen Zeit und an einem anderen Ort werden die Wunschbilder ganz anders ausfallen.

Fangen wir also damit an, was wir nicht wollen: den Homo consumens (siehe Kapitel 11). Der Psychoanalytiker → Erich Fromm, der den »Homo consumens« definierte, sagte, dass alles zu einem Konsumgut verkomme. Essen, Trinken, Kunst, Literatur, Sex. Für die, die verkaufen und damit gut leben, sei das vielleicht in Ordnung. Sie versuchen, den Homo consumens zu unterstützen, so gut es geht. Doch hinter dem Drang zu konsumieren stecke eine innere Leere, die alles einzusaugen scheint. Ein Gefühl der Leere, der Depression, der Einsamkeit. Das Gefühl der Freiheit sei zum Großteil die Freiheit zu kaufen, viele Dinge zur Auswahl zu haben. Und zu sagen: Ich will dieses oder jenes. Fromm sagt, wenn wir ehrlich sind, sei der Himmel für viele Menschen ein riesiges Kaufhaus, in dem sie alles kaufen könnten, was sie wollten.

Ein schreckliches Menschenbild! Wir müssen hungrig bleiben (siehe Kapitel 3)!

Mir gefällt der Gedanke Erich Fromms, der sich fragt, was denn das Gegenteil des Homo consumens sei. Wichtig sei auf jeden Fall, interessiert zu sein. Interessiert im ursprünglichen, im Lateinischen wurzelnden Sinne des Wortes: mittendrin sein. Sich den Dingen wirklich zuwenden, einer Blume, einem Kind, einem Buch, einer Idee, was auch immer. Es bedeutet, aktiv zu sein, aber nicht im Sinne von »beschäftigt«, sondern in einem inneren Sinne, mit den Gedanken bei der Sache zu sein.

Erich Fromm gibt uns hier einen ersten, sehr guten Ansatzpunkt! Sich Zeit nehmen, um sich Menschen, Dingen und Tätigkeiten mit Tiefgang zu widmen.

Wir wollen nicht den Homo consumens. Wir wollen nicht vollgestopft werden, unterhalten werden, um eine innere Leere zu füllen. Wir wollen nicht Frauen sein, die sich Stöckelschuhe kaufen, weil man das jetzt so tut. Wir wollen uns nicht hinter Phrasen wie »man tut«, »man kauft«, »man denkt« verstecken und dabei passiv konsumieren, was »man« gerade konsumieren soll. Wir brauchen und wollen Individualisten mit eigenen kreativen Ideen.

Jetzt, wo die Sexualität endlich von der Reproduktion entkoppelt werden kann und wir sie mehr denn je genießen können, darf diese nicht zum normierten Konsumverhalten verkommen. Denn es gibt viele Männer, die Frauen und Sexualität nur konsumieren, und umgekehrt genauso. Eine Sache, die ich mir wirklich für Frauen – und natürlich genauso für Männer – wünsche, ist, dass die sexuelle Beziehung nicht mehr von Konsum getrieben ist. Dass der Mann sich an der Frau nicht mehr nur selbst befriedigt. Jeder, der es erlebt hat, weiß, dass die Verschmelzung in einem Geschlechtsakt, bei dem beide aufeinander eingehen, eine Quelle der Lust, des Lebens, von unheimlicher Qualität ist. Für beide. Ich stelle mir vor, dass es auch für einen Mann schöner sein muss, mit einer Frau zu verschmelzen, als in einem Kraftakt seine Macht zu demonstrieren und sich selbst zu befriedigen.

Warum dieses hierarchische Modell evolutionär anscheinend so wichtig war, dass es sich durchgesetzt hat, kann ich mir schon vorstellen: Selbst wenn ein Mann in der Hierarchie der Männer noch so sehr unterdrückt wird, in ihrer Welt der Alpha-Beta-Gamma-männchen-Hierarchien, hat er immer noch seine Frau, auf die er hinunterhacken kann. Nach oben buckeln, nach unten treten. Ich verurteile dieses Verhalten zutiefst. Die Frauen auf der ganzen Welt müssen sich endlich aus dieser Stellung befreien. Mit Europa als Vorreiterin.

Die weibliche Welt ist eine Welt der Qualität. Die man eben nicht so einfach messen, bewerten und vergleichen kann.

Das Ende der Three-Inch-Society (siehe Kapitel 10): Dazu gehört auch die Sexualität, die häufig ein Instrument zur Unterdrückung der Frauen war und ist. Wenn eine Frau ständig vergewaltigt wird und sie ihr ganzes Leben nur schwanger ist, kommt sie zu nichts anderem. Und den vielen Kindern, die sie verzweifelt versucht durchzubringen, geht es auch nicht besser. Bestimmt war das auch ein Grund, warum die Menschheit zweitausend Jahre lang nicht wachsen konnte: weil das männliche Element zu stark war. Weil die Frauen zu wenig Gestaltungsmöglichkeit hatten.

Frauen denken oft, dass sie, wenn es darum geht, sich zu emanzipieren, das Verhalten der Männer nachahmen müssen. Das muss absolut nicht sein! Man kann zum Beispiel oft beobachten, wenn Frauen erfolgreich im Job sind und männliche Normen annehmen, dass sie dann männlicher agieren, als die meisten Männer es je tun würden. Wenn nur eine Frau in einer Unternehmensführung ist, passiert noch kein Wandel. Weil sie sich eben den Spielregeln der Männer anpasst. Erst wenn es zwei, drei sind, beginnt sich etwas zu ändern.

Wie gestalten weibliche Frauen ihre Arbeitswelt? (Ja, weibliche Frauen, denn es gibt eben diese männlichen Frauen, die blindlings den männlichen Machtschemata nacheifern – und nicht darauf aus sind, die Welt zu verbessern oder gar zu retten.) Frauen würden Kindergärten gestalten, in denen auch Männer arbeiten. Die Art des Umgangs untereinander sollte ein Miteinander sein, Teamwork. Es geht nicht darum, stärker zu sein als andere, sondern zufrieden und erfolgreich mit sich selbst. Es gibt kein Feindbild. Ein Feind ist ohnehin ein Mem, das ausgedient hat. Wir müssen es abschaffen.

Wenn es darum geht, dass Frauen miteinander arbeiten, fällt immer ein Wort: zickig. Ich habe die Erfahrung gemacht, dass Zickigkeit nur dann eine Rolle spielt, wenn es einen Alphamann gibt, um den die Frauen konkurrieren. Wenn Frauen die Männer dazu nutzen, sich hochzuschlafen, sich also der Hierarchie beugen. Das sind genau die Strukturen, die wir nicht mehr wollen und auch nicht mehr brauchen.

Wenn ein Job rein männlich besetzt ist, hat er ein sehr hohes Ansehen. Aber nur so lange, bis es Frauen gibt, die diesen Job genauso ausüben. Dieses künstlich aufgebaute Bild, dass Frauen zu vielen Dingen nicht fähig sind. Dann sinkt automatisch der Stellenwert, es sinkt das Gehalt, und der Job wird allgemein als weniger wert angesehen. Das war so bei den Ärzten oder den Piloten. Es gibt in jeder Gesellschaft Aufgaben, Jobs, die unangenehm sind und die trotzdem gemacht werden müssen. Es muss uns gelingen, das nicht mehr so hierarchisch zu definieren.

Wir stehen an einem Punkt in der Geschichte, an dem es nicht mehr darum geht, zu wachsen. Nie zuvor hatten Frauen so viel Zeit und Energie und Bildung und Wissen, um gestalterisch sein zu können. Sie sollten ihre Arbeitswelt, ihre private Welt und überhaupt die ganze Gesellschaft viel, viel stärker mitgestalten. Nur haben wir Frauen das nie lernen dürfen. Die Gesellschaft hat uns ständig daran gehindert, und nun sind wir noch nicht gut genug auf diese Aufgabe vorbereitet.

Aber jetzt! Jetzt ist es an der Zeit! Jetzt wollen wir unsere Welt gestalten; mit weiblichen Attributen. Das ist überall bemerkbar.

Nach dem Zweiten Weltkrieg wurden in Europa die Städte neu aufgebaut. Und plötzlich war unheimlich viel Platz für Autos da, ein riesiger Anteil der Nutzfläche waren Straßen, also Räume für Männer (weil Frauen nur in Ausnahmefällen ein Auto fuhren). Aber wo war der ganze Platz für die Frauen hingekommen? Es gab keinen Raum für Frauen, in dem sie sich treffen, bewegen, austauschen konnten. Vielleicht in den (im Verhältnis zu den Straßen spärlich vorhandenen) Parks, auf den Kinderspielplätzen? Gerade der öffentliche Raum gewinnt enorm an Bedeutung für das Miteinander. Wir wollen mehr öffentliche Plätze; Raum, den wir gestalten können, weniger Straßen – mehr Freiraum für Kreativität, Raum für Bewegung, ohne Konsumzwang. Ja, ohne Konsumzwang. Sie werden sehen, welche Ideen dort entstehen werden, welche kreative Kraft an diesen öffentlichen Plätzen entstehen wird.

Es geht um neue Frauenbilder. Darum, zu sagen, was wir nicht wollen. So lange, bis die Meme in unseren Köpfen sich verändern. Denn das Mem, dass der Mann mehr wert ist als die Frau, hat sich regelrecht ins Gehirn hineingefressen. Es dauert sehr lange, bis das gelöscht ist. Ein Mem, das sich wahrscheinlich für Jäger und Sammler und Stammesfürsten, die gegeneinander Krieg geführt haben, bewährt hat. Aber das wollen wir jetzt einfach nicht mehr. Es könnte sein, dass es sich in Zukunft auch weiterhin bewährt. Aber dann bleiben wir stecken. Dann evolvieren wir nicht. Dann bleiben wir Tiere. Doch wir definieren den Menschen ja als die Spezies, die die Selektionskräfte, die seine Lebensqualität vermindern, durch Kultur, durch Meme überwinden kann (siehe Kapitel 7). Und dazu gehört, dass wir dieses kompetitive Morden, dieses Alphatier-Gehabe, dieses Herdentum überwinden müssen. Dieses Verhalten war in der Vergangenheit erfolgreich. Aber es hatte für die meisten eine viel zu niedrige Lebensqualität zur Folge. Vor allem für die Frauen.

Unsere neue Europa ist ein neues Mem, das uns hilft, uns unserer Vorreiterrolle bewusst zu werden. Wir Europäerinnen können Vorbild für ein neues Frauenbild sein. Für ein Frauenbild, das kreativ, gestalterisch, nährend ist. Das nicht den Männern dient oder mit Gebären und Aufziehen beschäftigt ist. Mütter plus. Mütter, die gebildet sind. Die Zeit haben, zu denken und einen freien Willen zu entdecken und zu gestalten. Die nicht männliches Gehabe imitieren, sondern eigene, von Qualität statt Quantität dominierte, gemeinsame Wege finden, die auch für Männer ein angenehmeres und besseres Leben bedeuten.

Jetzt haben wir klargestellt, was wir alles nicht wollen. Aber was wollen wir? Warum fällt es uns so schwer, festzustellen, was wir wollen? Ich nehme fast an, dass wir das nicht wissen, weil wir bis dato nie in der Situation waren, das überlegen zu können – oder gar zu müssen.

Ist das nun etwas Positives, wenn wir uns bewusst sind, dass wir unsere Zukunft selbst bestimmen können oder sogar müssen? Weil wir erkannt haben, dass unsere Kultur den evolutionären Prozess steuert und wir den zukünftigen Menschen selber formen werden (ob wir wollen oder nicht). »Designen« wäre das zeitgemäße Wort. Wenn Menschen so etwas tun, wenn wir nämlich »züchten« (um ein bekanntes Wort zu verwenden), dann kommt meistens nicht unbedingt etwas Geniales dabei heraus. Man muss nur an alle Hunderassen denken, die sich die Menschen je gezüchtet haben.

Wie soll der Mensch der Zukunft aussehen? Was soll er können? Wie soll er leben? Welche Eigenschaften werden sein Überleben auf der Erde ermöglichen?

Bedenken wir, dass die Evolution kein Ziel hat. Wir Menschen sind es, die jetzt, gerade am Ende der Moderne, zum ersten Mal ganz bewusst erkennen, dass unsere Meme unsere Gene steuern und wir diese Möglichkeit oder vielmehr diese Verantwortung haben. Wir sind zwar frei zu entscheiden, welches Bild wir haben möchten, aber wir sind nicht frei, uns dieser Verantwortung zu entziehen! Wir sind in diesem Aspekt nicht frei. Wir können uns nicht einfach zurückziehen und so tun, als hätten wir nicht verstanden, worum es geht. Zu spät!

Nun, was wollen wir? Das Paradies? Einen Zustand der Sättigung, ohne Leid, ohne Sehnsucht, ohne Krankheit, genug für alle? Das ist eine Sackgasse. Endstation Paradies! Diese paradiesische Vorstellung ist eine evolutionäre Sackgasse, der Stillstand in der Erwartung, dass uns eine andere Spezies verdrängt. Das Paradies ist auch so ein Mem, das uns beflügelt, weil wir nicht weiterdenken.

Was ist nun die Lösung? Es gibt viele Lösungen. Einerseits sind wir ein Produkt der Evolution. Wir sind selektiert, um uns zu reproduzieren, um für Ressourcen zu kämpfen. Jetzt auf einmal ändern sich die Rahmenbedingungen und wir müssen uns umstellen, wissen aber nicht, was wir tun müssen. Eine nicht wachsende Bevölkerung, eine nicht wachsende Wirtschaft, Werte, die sich nicht in Mengenangaben messen lassen.

Die letzten Jahre waren sicherlich zu sehr von typisch männlichen Attributen geprägt. Nun wollen wir etwas anderes. Etwas Neues. Wir wollen weniger Kompetition und mehr Teamarbeit, wir wollen weniger Gewalt und mehr Miteinander, wir wollen Solidarität statt Diskriminierung, mehr Bildung und weniger religiöse und → digitale Demenz, mehr Nachhaltigkeit und weniger Konsum, keine Rankings, wir wollen nicht zu ferngesteuerten Konsumenten und ausgepressten Produzenten degradiert werden.

Was Frauen wirklich brauchen, um aus dem Elend zu entkommen? Waschmaschinen! Ja! Waschmaschinen (siehe dazu Hans Roslings Gedanken in Kapitel 8). Wie viele Stunden Frauen auf der ganzen Welt damit verbringen, mit der Hand Wäsche zu waschen!

Das ist eine schwere und sehr zeitintensive Arbeit. Und nur zwei Drittel aller Frauen weltweit haben Zugang zu einer Waschmaschine. 1,2 Milliarden Frauen auf dieser Welt müssen stundenlang Wäsche mit der Hand waschen! Wenn diese Frauen die Zeit für Bildung nützen könnten, könnten sie an der Rettung der Welt arbeiten!

»Hunger zeigt uns nicht den Mangel an Nahrungsmitteln, sondern lediglich den Mangel an Demokratie«, sagte → Frances Moore Lappé, die als Aktivistin gegen den Welthunger kämpft. Und eine weitere wichtige Erkenntnis kommt von dem Literaturwissenschaftler Dietrich Schwanitz, der meinte, es sei »unbestreitbar, dass der verstärkte Einfluss der Frauen auf die Kultur das zivilisatorische Niveau einer Gesellschaft jedes Mal erheblich erhöht hat«.

Ich denke, das ist es, was wir (Frauen) wollen. Wir wollen die Männer nicht beHERRschen. Wir wollen nur die Welt retten. Nicht mehr und nicht weniger.

Die zwölf Gebote

Oder: Neue Werte für ein Leben mit Qualität

Ich bin optimistisch. Und ich möchte alle dazu anstiften, meinen Optimismus zu teilen. Ich gehe davon aus, dass der Mensch wirklich überleben will. Das ist ein banales Ergebnis der Evolution. Und ich denke, dass die Evolution uns so selektiert hat, dass sich unser Überlebenswille manifestiert hat. In den letzten Jahrhunderten war es eher gut zu wachsen, sich zu vermehren. Und sogar gegen einen definierten Feind Krieg zu führen. Auch dieses Verhalten hat sich evolutionär durchgesetzt. Aber das wollen wir jetzt nicht mehr. Schluss mit dieser idiotischen Kriegsführung und Kompetition darum, wer der Beste ist. Wir wollen als Spezies Mensch überleben – und nicht als irgendeine Gruppe mit zweifelhaften Gesinnungen.

Aber wie sollen wir das tun? Das ist etwas ganz Neues! Ein globales Wir-Gefühl mit gemeinsamer Verantwortung für den Planeten und die Spezies Mensch. Wir werden ganz viele kreative Ideen brauchen, um einen neuen Weg zu finden, der uns alle anspornt.

Ich habe mir einige Regeln ausgedacht, die meiner Meinung nach hilfreich sein können für das Projekt »Globalmenschheit mit Qualität« (statt »Nationalmensch mit Quantität«). Diese zwölf Gebote haben nichts mit den Zehn Geboten zu tun, die in der Bibel stehen. Sie sind das Gegenteil davon. Denn es geht nicht darum, etwas zu verbieten, den Ehebruch oder den Diebstahl oder die

Gotteslästerung oder die Missachtung von Feiertagen. Es geht auch nicht darum, dass eine Gruppe die ganze Macht bekommt. Die zwölf neuen Gebote sind soziale Gesetze für eine soziale Gesellschaft. Eine Gesellschaft wird sich immer ihre Regeln machen, damit die Menschen im Alltag miteinander auskommen. Der Unterschied zu früheren Zeiten ist, dass wir uns heute nicht mehr gegen einen Feind durchsetzen wollen, sondern uns als globales Wesen im Visier haben.

Es geht um Pragmatismus. Wenn wir erkannt haben, in welchem Zustand die Menschheit jetzt ist, ist es klar, dass es Veränderungen geben muss. Dass es so nicht weitergehen kann. Wir haben die Grenze des Wachstums erreicht. Und wir stehen zum ersten Mal in der Geschichte der Menschheit an diesem Punkt: Wir haben erkannt, dass unsere Handlungen Folgen haben. Und dass wir dafür die Verantwortung übernehmen müssen. Dazu kommt noch, dass wir an einem Wendepunkt der Menschheitsgeschichte stehen und alle wirklich etwas Neues wollen und brauchen. Die alten Ritterspiele sind schon fad geworden und nicht mehr zielführend.

Deshalb sind diese Gebote ein Gegenentwurf zu alldem, was bisher da war. Denn bis jetzt haben die Machtapparate, ob religiös oder staatlich, den Menschen verboten, zu denken, vom Baum der Erkenntnis zu essen. Sie mussten, ohne sich ein Bild machen zu dürfen, einen Herrscher verherrlichen, der ihnen die Verantwortung abnimmt.

Die zwölf Gebote sind keine neue Religion, keine Ideologie und kein Religions-Ersatz. Sie wollen keine Gleichmacherei, sondern sie sollen Vielseitigkeit und Diversität fördern. Sie sind das Gegenteil von Herrschaft – mit einer neuen Aufforderung: Wir müssen uns ein Bild machen! Wir müssen erkennen, was wir tun. Und wohin das führt. Hinschauen. Weiterdenken.

Dahinter steht der Gedanke, dass es toll ist, dass es den Menschen gibt. Und dass der Wert im Leben selbst steckt, in der Qualität, nicht in der Quantität. Das gilt für Männer und Frauen, völlig Gender-neutral. Auch Männer können Waschmaschinen haben.

Wir wissen, dass die Erde einmal verschwinden wird und dass die Menschheit eines Tages aussterben wird. Aber wir sollten doch versuchen, dies nicht zu beschleunigen. Wir sollten uns so verhalten, dass wir möglichst so lange leben können, wie die Erde existiert oder die klimatischen Bedingungen es zulassen.

Es mag naiv sein. Aber es kann funktionieren.

1. *Verlasse die Höhle.*

2. *Sei kritisch.*

3. *Bleibe hungrig.*

4. *Lasse dich nicht zum Konsumenten degradieren.*

5. *Erkämpfe dir Zugang zu einer Waschmaschine.*

6. *Denke an deine Nachkommen.*

7. *Vergegenwärtige dir die Folgen deiner Handlungen.*

8. *Trage die Verantwortung für die Folgen deiner Handlungen.*

9. *Sei glücklich und strebe nach Qualität.*

10. *Bleibe in Bewegung.*

11. *Fürchte dich nicht vor Fehlern.*

12. *Denke weiter.*

1984 ist ein Roman des englischen Autors George Orwell, erschienen 1949. Er stellt einen totalitären Überwachungsstaat im Jahr 1984 dar.

Abbey, Edward (1927–1989): US-amerikanischer Naturforscher, Philosoph, Umweltaktivist und Schriftsteller. Seine bekanntesten Werke sind »Desert Solitaire« und der Roman »The Monkey Wrench Gang«. Er prägte damit den Begriff »Monkeywrenching«, der die Sabotage in Form der Zufügung von wirtschaftlichem Schaden beschreibt.

adaptieren: sich anpassen

Adenin: Eine der vier Basen der DNA und RNA; paart mit → Thymin oder mit Uracil, jeweils mit zwei Wasserstoffbrücken.

Agnostiker glauben nicht an Gott, streiten aber dessen Existenz nicht ab, weil sie meinen, dass man darüber keine Aussage machen kann.

Allosterie ist ein Begriff aus der Biochemie, der eine ganz bestimmte Eigenschaft von Proteinen oder auch anderen Molekülen beschreibt. Man spricht von Allosterie, wenn ein Protein mit einem anderen Molekül in Wechselwirkung tritt und sich dabei seine Form so ändert, dass sich seine Affinität zu einem weiteren Liganden verändert. Das bekannteste Beispiel ist das Hämoglobin: Sobald ein Molekül Sauerstoff gebunden ist, erhöht sich das Bedürfnis, drei weitere zu binden.

Altenberg, Peter (1859–1919): Hieß eigentlich Richard Engländer und war einer der bekanntesten Vertreter der Wiener Kaffeehausliteratur. Im Kaffeehaus entstanden seine Texte, die zu einer Studie der Gesellschaft und des Lebens der Wiener Moderne wurden.

Altruismus ist ein uneigennütziges Verhalten, als Gegenteil von Egoismus zu sehen. Der Altruist handelt so, dass es ihm auch mehr Kosten als Nutzen bringen kann.

Aminosäure: Baustein der Proteine, bestehend aus einer Carboxygruppe ($-COOH$) und einer Aminogruppe ($-NH_2$). 20 verschiedene Aminosäuren sind genetisch kodiert, die einfachste ist das Glycin.

Amish: Hauptsächlich in den USA lebende, täuferisch-protestantische Glaubensgemeinschaft. Die Amish lehnen technischen Fortschritt (sogar Elektrizität) ab, leben von der Außenwelt abgeschnitten und leben meist von der Landwirtschaft. Sie lehnen außerdem Sex vor der Ehe sowie die Empfängnisverhütung ab. In manchen ultrakonservativen Gemeinden sind die Familien extrem kinderreich, sprich: 12 bis 16 Kinder pro Familie.

Anders, Günther (1902–1992): Deutsch-österreichischer Philosoph, Dichter, Schriftsteller und führender Kopf der Antiatombewegung. Er war von 1929 bis 1937 mit Hannah Arendt verheiratet. Er beschäftigte sich hauptsächlich mit dem Problem der »Zerstörung der Humanität«.

Antibiotika sind von Bakterien oder Pilzen hergestellte niedermolekulare Substanzen, die das Wachstum anderer Mikroorganismen verhindern oder diese auch abtöten.

Apoptose ist der durch zelleigene Gene gesteuerte Selbstmord der Zelle. Apoptose ist im Gegensatz zur Nekrose zu sehen, welche ein ungewollter krankhafter Tod ist.

Arendt, Hannah (1906–1975): Aus Deutschland stammende Journalistin. Sie war Jüdin und wurde 1937 vom nationalsozialistischen Regime ausgebürgert, emigrierte in die USA (amerikanische Staatsbürgerin ab 1951). 1961 berichtete sie für den »New Yorker« über den Prozess gegen Adolf Eichmann in Jerusalem und prägte in dem Buch, das sie darüber schrieb (»Eichmann in Jerusalem«), den Begriff der »Banalität des Bösen«.

Arnim, Bettina von (1785–1859): Schriftstellerin; bedeutende Vertreterin der deutschen Romantik.

Ein **Atheist** ist jemand, der die Existenz eines Gottes verneint, im Gegensatz zum Agnostiker, der meint, darüber könne man keine Aussage machen.

ATP steht für Adenosintriphosphat und ist ein RNA-Baustein in energiereicher Form, bevor es in die RNA eingebaut wird. Ebenso wichtig ist die Tatsache, dass ATP der wichtigste Energiespeicher der Zelle in einer leicht verfügbaren Form ist. ATP reguliert viele energieliefernde Prozesse in der Zelle.

Aufklärung ist jene Epoche in der Geschichte der Menschheit, in der die Menschen erwacht sind und durch Wissen neue Perspektiven gewonnen haben. Zu dieser Zeit – maßgeblich im 18. Jahrhundert – wurde Bildung für alle gefordert und die Religionen verloren an Einfluss. Gleichzeitig gewann die Wissenschaft an Bedeutung.

Autoinduktoren sind kleine von Bakterien erzeugte Moleküle, welche die chemische Kommunikation zwischen den Bakterien ermöglichen. Acylhomoserinlacton ist ein Beispiel.

Das **Baculovirus** ist ein Virus, das Insekten befällt. Dieses Virus hat große technische Bedeutung errungen, weil es einerseits als Biopestizid gegen Getreideschädlinge Anwendung gefunden hat und andererseits in der Biotechnologie verwendet wird, um rekombinante Proteine herzustellen. Zum Beispiel wird der Impfstoff gegen das H5N1-Virus in Baculoviren hergestellt.

Bakterien sind einzellige Lebewesen, die evolutionär vor den höheren Organismen entstanden sind. Ihre Anzahl ist dermaßen groß, dass wir schätzungsweise noch 90 % aller Bakterien nicht kennen. In unserem Körper leben mehr Bakterien, als wir körpereigene Zellen haben. Nur ein geringer Anteil der Bakterien ist für uns krankheitserregend und die meisten sind für unsere Gesundheit sehr wichtig. Unter einer **Bakterienkultur** verstehen wir eine Population von Bakterien, die unter definierten Bedingungen wächst.

»Banalität des Bösen«: Stammt aus dem Untertitel des Buches »Eichmann in Jerusalem« von Hannah Arendt. Arendt bezeichnet damit die Gefahr, die von jenen ausgeht, die nicht fähig sind, selbst zu denken, »von Sachlichkeit durchtrieben« sind und nur den Befehlen folgen.

Bassler, Bonnie L. (geb. 1962): US-amerikanische Mikrobiologin, gilt als Wegbereiterin des Forschungszweigs der bakteriellen interzellularen Signalkommunikation.

Bewusstsein ist ein Zustand, in dem die Fähigkeit der Sinne, Signale zu empfangen, aktiv ist und diese so verarbeitet werden, dass die Person darüber reflektieren kann. Es gibt zu diesem Begriff viele Deutungen; hier wähle ich bewusst die naturwissenschaftliche Definition. Wichtig ist die Steigerung des Bewusstseins zum Selbstbewusstsein, indem ein Mensch über seine eigene Existenz reflektieren kann.

Bieri, Peter (geb. 1944): Schweizer Philosoph und Schriftsteller. Sein Werk »Das Handwerk der Freiheit« ist ein Meisterwerk der modernen Philosophie, das für jeden zugänglich ist. Dieses Buch ermöglicht einen Überblickt über die Facetten des freien Willens. Bieri ist auch bekannt unter dem Pseudonym Pascal Mercier, unter dem er seine Romane veröffentlicht. Sein Roman zum Thema des freien Willens (»Nachtzug nach Lissabon«) wurde 2013 verfilmt.

Unter **Bildung** verstehen wir eine erlernte Fähigkeit zum Denken. Das Auswendiglernen von Fakten ist kein bildender Prozess. Vielmehr muss man zur Bildung ein selbstverantwortliches Verhalten einüben, welches auf Wissen und dessen Nutzung beruht.

Bindungsexperimente sind experimentelle Ansätze in der Forschung, um die Affinität zweier oder mehrerer Stoffe zueinander zu messen.

Biochemie ist die Lehre von den chemischen Vorgängen des Lebens.

Als **Biologismus** bezeichnet man einen umstrittenen Versuch, menschliche Verhaltensweisen durch biologische Phänomene erklären zu wollen. Die Hauptkritik bezieht sich auf den Vergleich von Mensch und Tier, weil dabei kulturelle Aspekte unberücksichtigt bleiben.

Biolumiziszenz ist die Fähigkeit von Lebewesen, Licht zu erzeugen. Dabei finden chemische Prozesse statt, bei denen Energie in Form von Licht abgegeben wird.

Chanel, Coco (1883–1971): Hieß eigentlich Gabrielle Chanel. Französische Modedesignerin und Gründerin des Modeimperiums Chanel. Sie brachte funktionelle Damenkleidung und Kurzhaarschnitte in Mode, erfand das »kleine Schwarze«.

Chemotherapie ist die therapeutische Anwendung von chemischen Substanzen gegen bestimmte Krankheiten. Begründet wurde sie von Paul Ehrlich, der chemische Stoffe gegen Syphilis ausprobierte. Heute kommt sie hauptsächlich in der Krebsbehandlung zum Einsatz, indem man versucht, die wachsenden Krebszellen zu töten, ohne dabei andere, gesunde Zellen zu schädigen.

Cholera ist eine bakterielle Infektion des Dünndarms durch den Erreger Vibrio cholerae.

Ein **Chromosom** ist die Verpackungsform der DNA. Chromosomen enthalten viele Proteine, welche den Verpackungszustand der DNA bestimmen.

Club of Rome: Organisation, gegründet 1968, die den globalen Gedankenaustausch zu internationalen politischen Fragen betreibt. 1972 veröffentlichte der Club of Rome den Bericht »Die Grenzen des Wachstums« und erlangte dadurch weltweite Beachtung.

Curie, Marie (1867–1934): Geboren als Maria Salomea Skłodowska. Physikerin, die die Strahlung von Uranverbindungen untersuchte und das Wort »radioaktiv« prägte. 1903 wurde ihr ein anteiliger Nobelpreis für Physik, 1911 der für Chemie zugesprochen. Gemeinsam mit ihrem Ehemann Pierre Curie entdeckte sie die Elemente Polonium und Radium.

Cyberhöhle ist ein geistiger Zustand wie jener, der in Platons Höhlengleichnis beschrieben wird, jedoch bedingt durch die Unfähigkeit, das Internet nutzbringend zu verwenden.

Cyborgs sind Wesen, die teils Mensch und teils Maschine sind.

Cytosin: Eine der vier Basen der DNA und RNA. Paart mit Guanin über drei Wasserstoffbrücken.

Darwinismus ist eine Lehre, die von Charles Darwin (1809–1882) stammt. Sie beschreibt die Entstehung und Entwicklung der Lebewesen durch Veränderung, Vermehrung und Auslese. Die Evolution muss sich nicht ausschließlich auf biologische Merkmale beschränken: Auch das Verhalten kann eine Entwicklung nach ähnlichen Prinzipien durchlaufen.

Dawkinismus: Der Begriff verweist auf die Thesen von Richard Dawkins und ist eine Fortsetzung des Darwinismus. Zusätzlich zu den biologischen Merkmalen werden Verhaltensregeln und Meme untersucht und deren Evolution beschrieben.

Dawkins, Richard (geb. 1941): Evolutionsbiologe. Autor mehrerer Bestseller (u. a. »Der blinde Uhrmacher«, »Der Gotteswahn«). Führte den Begriff Mem als hypothetisches kulturelles Gegenstück zum Gen in der biologischen Evolution ein.

Determinismus ist eine Sichtweise, in der angenommen wird, dass alle Ereignisse einen kausalen Zusammenhang haben und dass festgesetzte Vorbedingungen auch zukünftige Ereignisse festlegen. Dem Zufall wird hier kein Platz eingeräumt. Falls dies auch für Aktivitäten in unserem Verhalten zutrifft, dann schließt das die Existenz eines freien Willens aus.

Diamond, Jared (geb. 1937): US-amerikanischer Evolutionsbiologe, Physiologe und Biogeograf. Bekannt für seine fächerübergreifende,

populärwissenschaftlich aufbereitete Arbeit. Sein Buch »Kollaps«
erläutert, warum Gesellschaften gedeihen oder untergehen.

Digitale Demenz ist ein aufgrund von übermäßigem Internetkonsum
entstandenes Defizit an kognitiven, emotionalen, sozialen und rationalen Fähigkeiten.

Diktatur ist eine Staatsform, bei der die Herrscher ihre Macht nicht
durch Wahlen legitimieren, die für alle Staatsbürger abgehalten
werden.

DNA: Desoxyribonukleinsäure, die chemische Speicherform der genetischen Information. Sie besteht aus Phosphorsäure, dem Zucker
Desoxyribose und vier unterschiedlichen Basen (Adenin, Cytosin,
Guanin und Thymin). Adenin kann mit Thymin paaren, indem zwei
Wasserstoffbrücken gebildet werden. Guanin paart mit Cytosin unter
der Bildung von drei Wasserstoffbrücken. Das Rückgrat der DNA ist
eine lange Kette abwechselnd aus Phosphat und Desoxyribose, an
der jeweils eine der vier Basen hängt. In der Zelle kommt die DNA als
Doppelkette vor, wobei beide Ketten komplementär sind.

Dosis-Wirkungs-Kurven: Sie beschreiben die Abhängigkeit einer Wirkung von der verwendeten Menge an Wirkstoff. Diese ist meist nicht
linear und hat einen unteren Bereich, in dem keine Wirkung erfolgt,
und einen oberen Bereich, in dem sich die Wirkung kaum mehr ändert oder aber Nebenwirkungen zu erwarten sind. Wichtig ist dabei
das Prinzip, dass die Dosis entscheidet, ob sich etwas positiv oder
negativ auswirkt.

Dschihad ist der Kampf und die moralische Pflicht aller Muslime,
gegen alles anzukämpfen, das nicht im Sinne ihres Gottes (Allah)
ist.

Egoismus ist ein Verhalten, das allein auf Eigennutzen ausgerichtet
ist. Egoisten sind meist von sich selbst geblendet und nehmen ihre
Mitmenschen kaum wahr.

Embryogenese ist die Entwicklung des Embryos zum lebensfähigen
Menschen. Wenn Eizelle und Spermien sich vereinen und eine

Zygote bilden, ist die gesamte genetische Information zur Entfaltung des Menschen bereits vorhanden. Diese Zygote wird dann eine omnipotente Stammzelle, die sich zu allen anderen Zelltypen entwickeln kann.

Entscheidungsfindung: Prozess der Suche nach einer Handlungsanleitung. Ist die Entscheidung nicht wichtig, sollte man sich damit nicht lange aufhalten. Wenn es aber eine wichtige Entscheidung ist, dann muss man möglichst viele Informationen haben, um kompetent zwischen den Optionen, die es gibt, wählen zu können.

Enzyme sind Eiweißmoleküle mit katalytischen Eigenschaften. Enzyme steuern und beschleunigen chemische Reaktionen, ohne dabei selbst verbraucht zu werden.

Epigenetik ist eine Wissenschaftsdisziplin, welche sich mit den vererbbaren Merkmalen befasst, welche nicht in der DNA-Sequenz enthalten sind, sondern in dem Verpackungszustand, in dem sich die DNA in der Zelle befindet.

epigenetisch: Bezieht sich auf Prozesse, in denen der Verpackungszustand der DNA moduliert wird. Epigenetische Zustände sind – zum Unterschied von genetischen – reversibel.

Die **Esoterik** beschreibt im modernen Sprachgebrauch verschiedene Techniken, Rituale, Heilpraktiken, die für sich den Anspruch erheben, einem höheren, verborgenen Wissen zu entspringen.

Eugenik ist die auf den Menschen angewandte, bewusst ausgeübte Selektion von »guten« Eigenschaften. Die Nationalsozialisten benutzten sie unter dem Begriff »Rassenhygiene« als Rechtfertigung für Massenmord.

Europa (die Geliebte des Zeus) ist eine Figur aus der griechischen Mythologie, die unserem Kontinent den Namen gegeben hat. Sie war die Königin von Kreta und soll nun als Vorreiterin für den Menschen dienen, der gebildet, rational und weise für die Zukunft der Menschenspezies Sorge trägt.

Eva: Biblische Figur. Adams zweite Frau nach Lilith. Sie aß und bot Adam verbotenerweise Früchte vom Baum der Erkenntnis an. Als Folge wurden sie zur Strafe aus dem Paradies vertrieben. Fortan wurden sie und alle irdischen Frauen von Gott dazu verdammt, unter Schmerzen Kinder zu gebären. Einer der vielen Ursprungsmythen, die den Sexismus nähren.

Evolution ist ein Prozess, welcher der Entwicklung aller Lebewesen zugrunde liegt. Von Generation zu Generation werden genetische Merkmale verändert und angepasst.

evolvieren: Horizontale und vertikale Weitergabe von genetischer Information, aber auch von kulturellen Merkmalen (Memen), die zur Weiterentwicklung von Lebewesen führt.

Ein **Experiment** im Sinne der Wissenschaft ist eine methodische Untersuchung unter festgelegten Rahmenbedingungen zur Gewinnung von Informationen und Daten.

exponentielle Phase (»log«-Phase): Rasante Wachstumsphase. Eine Bakterienkultur in der exponentiellen Phase verdoppelt sich in regelmäßigem Intervall.

Faktor: Nicht teilbare Einheit. Gregor Mendel identifizierte das Gen als Faktor (»Mendelscher Faktor«), bevor er wusste, womit er es genau zu tun hatte.

Fallaci, Oriana (1929–2006): Italienische Journalistin und Schriftstellerin. Sie wurde zur Vertreterin eines extrem konfrontativen und mit der Persönlichkeit des jeweiligen Journalisten stark verbundenen Interviewstils, der in den 1970er-Jahren populär wurde.

Als **Feedback Loop** versteht man einen Prozess, der nach einigen Schritten einen Einfluss auf die anfänglichen Schritte aufweist. In der Biochemie zum Beispiel, wenn die Synthese eines Moleküls seine eigene Produktion reguliert. Wenn wir erkennen, dass wir zu viele Menschen auf der Erde sind und als Folge die Anzahl unserer Kinder steuern, so ist das ein Feedback Loop.

Fertilität ist die Anzahl der lebend geborenen Kinder pro Frau, also die tatsächlich geborenen Kinder, nicht die Anzahl der möglichen Kinder.

Fitness: Die körperliche Fitness bezeichnet meist Sportlichkeit. Im biologischen Sinne ist der Fitteste aber der, der am besten angepasst ist und die besten Überlebenschancen hat. »Survival of the Fittest« bedeutet also nicht »Überleben des Stärksten«, sondern des »Flexibelsten«. Da sich die Rahmenbedingungen des Lebens ständig ändern, ist Diversität so wichtig, weil sie die Wahrscheinlichkeit erhöht, dass einige überleben werden.

freier Wille: Die Fähigkeit, nach reiflicher Überlegung einen Entschluss zu fällen, für dessen Folgen auch die Verantwortung getragen wird. Der freie Wille muss wie ein Muskel trainiert werden.

Friedell, Egon (1878–1938): Österreichischer Schriftsteller, Kulturphilosoph, Journalist, Kabarettist. Zählte zum engsten Café-Central-Kreis des Kaffeehausliteraten Peter Altenberg.

Fromm, Erich (1900–1980): In Deutschland geborener, in die USA emigrierter Psychoanalytiker, Philosoph und Sozialpsychologe jüdischer Herkunft. Seine Beiträge zur Psychologie, Religionspsychologie und Gesellschaftskritik haben ihn als einflussreichen Denker des 20. Jahrhunderts etabliert, auch wenn er in der akademischen Welt oft unterschätzt wurde. Viele seiner Bücher wurden zu Bestsellern; seine Gedanken wurden auch außerhalb der Fachwelt breit diskutiert.

Fruchtbarkeit ist die potenzielle Anzahl der Kinder, im Unterschied zur Fertilität, welche die tatsächlich geborenen Kinder beschreibt.

Galilei, Galileo (1564–1642): Italienischer Philosoph, Mathematiker, Physiker und Astronom. Er machte bahnbrechende Entdeckungen in verschiedenen Disziplinen der Naturwissenschaften. Er benutzte als einer der ersten Menschen ein Teleskop und erkannte, dass die Venus um die Sonne kreist, nicht um die Erde. Außerdem erfand er unzählige Instrumente, wie etwa einen automatischen Tomatenpflücker. Er wurde von der katholischen Kirche exkommuniziert, weil er das heliozentrische Weltbild propagierte. Er wurde erst 1992 von der Kirche rehabilitiert. Als Begründung für die einstige Verbannung wurde 1992 angegeben, dass das Volk damals nicht reif für die neue Lehre gewesen sei.

Gates, Bill (geb. 1955): Programmierer, Mitgründer von Microsoft und einer der reichsten Menschen der Welt.

Gebote: Üblicherweise wird auf die biblischen Zehn Gebote Bezug genommen – Verhaltensregeln, die Gott den Menschen via Moses diktiert haben soll. Die zwölf Gebote in diesem Buch meinen etwas völlig anderes: Sie sind Anregungen dafür, wie wir die Welt retten könnten – neue Werte für ein Leben mit Qualität.

Gen: Abschnitt auf der DNA, welcher die Information für die Herstellung eines Genprodukts enthält. Genprodukte sind Proteine oder RNA-Moleküle. Sie sind die Informationsform zur Speicherung und Vererbung von Eigenschaften.

Genetische Schalter sind kurze Abschnitte auf der DNA, welche zum Ein- und Ausschalten der Gene dienen. Sie werden als Promotoren bezeichnet.

Genom: Die Gesamtheit der Erbinformation eines Organismus. Das menschliche Genom zum Beispiel besteht aus über 3 Milliarden Basenpaaren, die auf 23 Chromosomen verteilt sind. Wir haben die Chromosomen jeweils in zweifacher Kopie: je 22 »autosomale« Chromosomen (1 bis 22) und die Geschlechtschromosomen X und Y. Bei Frauen XX und bei Männern XY.

Gentechnik: Eingriffe in das Genom (unter Verwendung molekularer Techniken) und damit in die biochemischen Vorgänge von Lebewesen.

gesättigt: Ein Zustand, in dem nichts mehr aufgenommen werden kann. Chemisch, wenn keine Bindung mehr eingegangen werden kann, weil alle Bindungsstellen besetzt sind. Beim Menschen, wenn er nicht mehr in der Lage ist, etwas aufzunehmen, weil seine Sinne schon mit Eindrücken überladen sind.

Geschmacksverstärker: Zusatzstoffe in Lebensmitteln, die deren Geschmack verstärken und das Sättigungsgefühl unterdrücken.

Das **Gilgamesch-Epos** stammt vor allem aus dem babylonischen Raum und beinhaltet eine der ältesten überlieferten schriftlich fixierten Dichtungen.

Globale Demokratie ist die idealisierte Vorstellung einer Welt, in der alle Menschen gleiche Rechte haben und so gebildet sind, dass sie aufgrund ihrer Bildung ihre Vertreter wählen können.

Glück: Für jeden Menschen persönlich zu definierender, anzustrebender Zustand. In der Philosophie wird es oft mit der Abwesenheit von Leid beschrieben.

Gott: Ein Super-Mem. Eine der erfolgreichsten Erfindungen der Menschheit, die im Lauf der Geschichte oft als Waffe missbraucht wurde. Der Gottesbegriff ist eines der stärksten Hindernisse auf dem Weg der Wahrheitserkenntnis.

Guanin: Eine der vier Basen der DNA und RNA. Paart mit Cytosin über drei Wasserstoffbrücken.

Hamer, Dean (geb. 1951): Im September 2004 veröffentlichte der Genetiker Dean H. Hamer sein Buch »The God Gene. How Faith is Hardwired Into Our Genes«. Hamers These: Es gibt ein Gen, das darüber entscheidet, ob Menschen religiös veranlagt sind oder nicht. Diese These ist in der Fachwelt noch nicht akzeptiert.

Hämoglobin: Protein, das in den roten Blutkörperchen vorkommt, Sauerstoff in der Lunge bzw. den Kiemen aufnimmt und diesen im Körper verteilt.

Hedonismus: Lebenseinstellung, die, meist abwertend gebraucht, ein völlig lust- und konsumgesteuertes Dasein beinhaltet. Ohne an die Folgen zu denken, lebt der Hedonist nur im Hier und Jetzt.

HI-Virus: Humanes Immundefizienz-Virus. Ohne entsprechende Behandlung führt das HI-Virus zur Krankheit AIDS, die sich seit den

1980er-Jahren weltweit pandemieartig ausbreitet und bisher etwa 28 Millionen Menschenleben gekostet hat. Obwohl HIV ein sexuell übertragbares Virus ist, verbietet die katholische Kirche nach wie vor die Verwendung von Kondomen, auch in den besonders gefährdeten Ländern der sogenannten »Dritten Welt«, und trägt so maßgeblich zur Verbreitung der tödlichen Krankheit AIDS bei.

Höhlengleichnis: Das Gleichnis stammt vom antiken griechischen Philosophen Platon. Es verdeutlicht die Notwendigkeit der Bildung zur Befreiung aus der Höhle, in der die Wirklichkeit nur als Schatten an der Wand gesehen werden kann. Das Gleichnis ist bis heute in vielen Fällen anwendbar, so kann das Internet als »Cyberhöhle« gesehen werden, die den Blick auf die Wirklichkeit verstellt.

Homo consumens: Von Erich Fromm geprägter Begriff, der den von Konsum gesteuerten und bestimmten Menschen beschreibt. Der Homo consumens gestaltet nicht selbst, sondern lässt sich zudröhnen.

Homoserinlactone (HSL) sind eine Familie von kleinen Signalmolekülen, mittels denen Bakterienzellen miteinander kommunizieren. HSL spielt eine Schlüsselrolle beim »Quorum Sensing«, der Fähigkeit von Bakterien, in Abhängigkeit ihrer Zelldichte unterschiedliche biochemische Reaktionen durchzuführen.

Hormone sind biochemische Signalmoleküle, mittels denen Zellen innerhalb eines Organismus miteinander kommunizieren.

Hume, David (1711–1776): Er war einer der bedeutendsten Vertreter der schottischen Aufklärung, Philosoph, Ökonom und Historiker. Seine Betrachtungen regten Immanuel Kant zu seinem Werk »Kritik der reinen Vernunft« an.

Hunger: Um nicht in die träge, unbewegliche Phase der Sättigung einzutreten, ist es notwendig, hungrig zu bleiben. Zu viel Spielzeug, zu viel Essen (dank Geschmacksverstärkern), zu viele Bilder, Computerspiele, Unterhaltung, Konsum stumpft den Menschen ab.

Hutterer: Die Mitglieder dieser christlichen Sekte bekennen sich zur urchristlichen Gütergemeinschaft. Ihre Lehre und Glaubenspraxis zwang die Hutterer seit ihrer Gründung 1528 immer wieder in die Emigration. Heute leben die meisten der 45 000 Hutterer in Siedlungen zu je ca. 15 Familien in den USA und in Kanada.

Hygiene: Die Lehre der Verhütung von Krankheiten und der Erhaltung der Gesundheit. Bevor die Menschen Wissen über die Wichtigkeit von Hygienemaßnahmen hatten, war die Sterblichkeit hoch und die Menschheit wuchs über einen Zeitraum von zweitausend Jahren kaum.

Identität: Die Identität eines Menschen beinhaltet alle Eigenschaften, die ihn von anderen unterscheiden. Sie dient auch zur Charakterisierung von Menschen.

Ideologien sind Ideen begründende Lehren.

Impfung: Vorbeugende Maßnahme gegen Infektionskrankheiten. Im Gegensatz zur Behandlung von Krankheiten verhindert die Impfung bereits die Ausbreitung des Krankheitserregers. Eine gewisse Durchimpfungsrate ist nötig, um eine Krankheit auszurotten.

Indol ist ein aromatischer Naturstoff, aus dem viele Biomoleküle in der Zelle abgeleitet sind. Er ist auch in der chemischen Industrie Ausgangsstoff für viele Produkte wie Farb- oder Geruchsstoffe.

Industrialisierung, auch Industrielle Revolution. Bezeichnet die Anfang des 18. Jahrhunderts beginnende Verbreitung und Durchsetzung der maschinellen Erzeugung von Gütern.

Als **in silico** werden Vorgänge bezeichnet, die komplett im Computer ablaufen.

Internet-Memes: Gedanken, Ideen, Entwürfe – teils völlig sinnfreie –, die sich über das Internet verbreiten.

James, William (1842–1910): US-amerikanischer Philosoph und Pragmatiker.

Kant, Immanuel (1724–1804): Deutscher Philosoph, zentraler Kopf der Aufklärung. Das von ihm geschriebene Werk »Kritik der reinen Vernunft« kann als Beginn der modernen Philosophie bezeichnet werden.

Katalysator: Substanz, welche chemische Reaktionen beschleunigt, ohne dabei selbst verbraucht zu werden. Die meisten biologischen Katalysatoren sind Proteine (Eiweiße), die wir Enzyme nennen. RNA-Moleküle können auch als Katalysatoren wirken; diese werden Ribozyme genannt.

Kennedy, Robert (1925–1968): US-amerikanischer Jurist und Politiker, der einem Attentat zum Opfer fiel.

Kindersterblichkeit: Anteil der Kinder, die im Zeitraum der ersten fünf Lebensjahre (im ersten Lebensjahr: Säuglingssterblichkeit) sterben. Mangelernährung ist dafür weltweit die Hauptursache. Es wird angenommen, dass im Mittelalter mehr als die Hälfte der Kinder das 14. Lebensjahr nicht erreichte. Mit der Industrialisierung begann die Kindersterblichkeit drastisch zu sinken. (In Deutschland starben 1870 250 von 1000 Kindern, heute 0,7 von 1000.)

Koch, Robert (1843–1910) war ein deutscher Mediziner und Mikrobiologe. Er entdeckte 1882 den Erreger der Tuberkulose, gilt als Begründer der modernen Bakteriologie und leistete grundlegende Beiträge zur Infektionslehre. 1905 wurde ihm der Nobelpreis für Medizin zugesprochen.

Kompetition: Prinzip des Wettbewerbs, (meist männlich besetzter) Wetteifer, der sich um die Schlagworte »größer«, »schneller«, »weiter« dreht. Unbrauchbares Lebensmodell, da es nicht die Qualität, sondern nur die Quantität betrifft.

komplementär: Sich in der Form ergänzend. In der Molekularbiologie führen gegenteilige (Teil-)Ladungen, die sich anziehen, zu einer Wechselwirkung von Molekülen.

komplex: Das Gegenteil von einfach. Aus vielen sich gegenseitig beeinflussenden Elementen bestehender Prozess.

Königin Ischtar: Weibliche Gestalt aus dem Gilgamesch-Epos. Sie wurde beschuldigt, an der Sintflut schuld zu sein, weil sie ihren Schleier nicht getragen hat.

Konsequenzen: Folgen einer Handlung, die jeder Mensch bereit sein sollte zu tragen.

Konsumenten: siehe Homo consumens

Kontrollierter Zelltod (siehe Apoptose) ist die Fähigkeit von Zellen, kontrolliert den eigenen Tod durch biochemische Prozesse einzuleiten.

Kopernikus, Nikolaus (1473–1543): War eigentlich Jurist und Arzt, widmete sich aber der Astronomie. Er beschrieb das heliozentrische Weltbild des Sonnensystems, in dem sich die Erde um ihre eigene Achse dreht und die Planeten um die Sonne kreisen.

Korrelation: Zusammenhang zwischen zwei Ereignissen, ohne dass eine eindeutige Ursache-Wirkung-Beziehung bestehen muss (das wäre Kausalität).

Krauss, Lawrence (geb. 1954) ist ein US-amerikanischer theoretischer Physiker. Er beschäftigt sich insbesondere mit Kosmologie und ist bekennender Atheist. Er ist das Pendant des Biologen Richard Dawkins aus der Physik.

Kreativität: Die Entdeckung der eigenen Kreativität, eines der wichtigsten Merkmale des Menschen, war eine bedeutende Voraussetzung – und ist weiterhin eine bedeutende Folge – der Aufklärung. Sie holt den Menschen aus der Passivität, zeigt, dass er selbst etwas gegen die ihn umgebenden Umstände unternehmen kann.

Kritik: Zu Unrecht negativ besetzter Begriff, der eine Beurteilung anhand von Maßstäben bezeichnet. Kritik ist eines der wichtigsten Werkzeuge der Wissenschaft bei der Suche nach Erkenntnis. Religionen können meist nicht besonders gut mit Kritik umgehen.

Kux, Barbara (geb. 1954): Wirtschaftsexpertin und Managerin in vielen großen Firmen wie Nestlé, McKinsey, Brown Boveri.

Lappé, Frances Moore (geb. 1944): Aktivistin und Bestseller-Autorin, die sich gegen den Welthunger und seine Ursachen einsetzt.

Lebenserwartung: Die zu erwartende Zeitspanne von der Geburt bis zum Tod, berechnet aus dem Durchschnitt der Bevölkerung.

Lebensqualität versus **Lebensquantität:** Gegensätzliche, oft verwechselte Begriffe. Was wir als Lebensqualität bezeichnen, meint meist eine Lebensquantität: die Menge an Gütern, die wir zur Verfügung haben. Die meisten Indikatoren, die zur Bewertung unseres Lebens herangezogen werden, sagen wenig über unser Befinden aus.

Lilith: Sie wird in der Bibel kaum erwähnt, gilt aber als die Urfrau, Adams erste Frau. Sie war ihm ebenbürtig, ließ sich nicht unterordnen und floh schließlich. Lilith, die unabhängige, starke Frau, wird vom Feminismus verehrt und von den herrschenden Religionen dämonisiert.

MakroRNAs sind längere RNA-Moleküle, die über 200 Basen lang sind. Deren regulatorische Funktionen sind noch wenig aufgeklärt, sie spielen eine bedeutende Rolle bei der Regulation des epigenetischen Zustands von Genen.

Maria: Jesus' Mutter. Ihr wird, abgesehen davon, Jesus geboren zu haben, keine besondere Bedeutung beigemessen. Eine zumeist schweigende und leidende Figur, an die Frauen Fürbitten richten.

Mem ist ein von Richard Dawkins geprägter Begriff, der ein Bewusstseinsbild beschreibt. Dies kann eine Idee, ein Gedanke sein. Wichtig ist, dass sich ein Mem durch Nachahmung und Kommunikation verbreiten und verändern kann. Das Mem ist das kulturelle Pendant zum biologischen Begriff Gen.

Mendel, Gregor (1822–1884): Naturforscher (und katholischer Priester), der Erbsen kreuzte und bei diesen Experimenten die Regeln der Vererbung aufstellte. Daher gilt er als Begründer der Genetik.

Menschenwolf: »Der Mensch ist dem Menschen ein Wolf« (»Homo homini lupus«) ist eine viel verwendete Aussage, die den vorstaatlichen Zustand der Menschen bezeichnet. Der Mensch kann dem Menschen ein Gott sein oder eben auch ein Wolf, meinte der englische Staatsphilosoph Thomas Hobbes.

Menschliche Abwehrzellen sind spezialisierte Zellen unseres Immunsystems, welche verschiedene Aufgaben in der Beseitigung körperfremder Stoffe und Zellen haben. Tumorinfiltrierende Lymphozyten sind Abwehrzellen, die eine besondere Rolle bei der Bekämpfung von Krebszellen haben.

Methylgruppe: $-CH_3$, ein Kohlenstoff mit drei Wasserstoffen.

Methylierung: Anhängen von CH_3-Gruppen an genau definierte Stellen der DNA und Histonproteinen. Dies ist die häufigste Markierung des epigenetischen Zustands des Gens.

Mikrobiologie ist die Lehre der kleinen Lebewesen, deren Größe im Mikrometerbereich liegt, zum Beispiel Bakterien, Viren und Pilze. Als Begründer der Mikrobiologie gilt Louis Pasteur.

MikroRNAs sind kurze RNA-Moleküle, die nur 19 bis 35 Basen lang sind und meistens eine inhibierende Wirkung auf die Aktivität der Gene haben.

Miller, Stanley (1930–2007): Amerikanischer Chemiker. Er führte bereits in seiner Doktorarbeit die berühmten Ursuppenexperimente durch, um aus anorganischen Verbindungen organische Verbindungen, die die Bausteine lebender Organismen sind, zu gewinnen.

Moais sind überdimensionale Statuen aus Stein, welche auf der Osterinsel von den Rapanui in großer Zahl hergestellt wurden.

Moleküle sind zwei- oder mehratomige Teilchen, die durch chemische Bindungen zusammengehalten werden.

Neandertaler: Ausgestorbener Verwandter des Homo sapiens. Er entwickelte sich parallel zum Homo sapiens in Afrika aus einem gemeinsamen Vorfahren der Gattung Homo. Der Neandertaler wird häufig (vielleicht völlig zu Unrecht!?) herangezogen, wenn es um eine ungehobelte, niederen Instinkten folgende Lebensweise geht. Die kürzlich bestimmte DNA-Sequenz des Neandertalers liefert Hinweise, dass er mit dem Homo sapiens verkehrt hat.

Newton, Issac (1643–1727): Britischer Tausendsassa, Philosoph und Naturwissenschaftler. Er beschrieb die Gravitation und die Bewegungsgesetze und legte so den Grundstein für die klassische Mechanik.

Das **Nichts** ist das Gegenteil von Sein.

Null ist die Anzahl der Elemente einer leeren Menge. Die Zahl Null revolutionierte die Mathematik.

opportunistisch: Die Evolution ist opportunistisch. Es entwickelt sich das, was sich entwickeln kann.

Osterinsel: Sagenumwobene, isoliert gelegene Insel im Südostpazifik. Bekannt ist die Insel vor allem wegen der riesigen Steinskulpturen, den Moai, deren Erbauung die Einwohner der Insel alles untergeordnet haben dürften; sogar ihr eigenes Fortbestehen.

Pasteur, Louis (1822–1895): Französischer Chemiker und Mikrobiologe. Er ist der Begründer der Mikrobiologie. Nach ihm wurde das Haltbarmachen durch Erhitzen (Töten der Bakterien) benannt – das Pasteurisieren. Er war auch ein Pionier in der Entwicklung von Impfstoffen gegen Tollwut und Anthrax. Außerdem entdeckte er die optische Aktivität von Biomolekülen an der Weinsäure.

Peptidketten sind kurze Ketten bestehend aus Aminosäuren.

Perutz, Max Ferdinand (1914–2002): Chemiker österreichischer Abstammung, der 1962 gemeinsam mit John Kendrew den Nobelpreis erhielt, und zwar für seine Arbeiten zur Aufklärung der Struktur des Proteins Hämoglobin, das den Sauerstoff im Blut transportiert.

Pest ist eine durch das Bakterium Yersinia pestis verursachte Infektionskrankheit, die auch Schwarzer Tod genannt wurde. Die

Pestepidemien haben im Mittelalter fast ein Drittel der europäischen Bevölkerung umgebracht.

Pille ist die Kurzbezeichnung für die Antibabypille, ein seit den 1960er-Jahren von vielen Frauen verwendetes Mittel, um Schwangerschaften zu verhindern. Anfänglich wurde die Pille nur verheirateten Frauen verschrieben! Das zeigt die damaligen Moralvorstellungen und wie autoritär und frauenfeindlich unsere von Männern dominierte Gesellschaft ist. Die Pille machte es möglich, Sexualität von der Reproduktion zu lösen.

Platon (428/427–348/347 v. Chr.): Griechischer Philosoph der Antike. Schüler des Sokrates. Urheber des Höhlengleichnisses.

Proliferation: In der Biologie versteht man darunter Wachstum. Zellproliferation ist gleich Zellwachstum, im Unterschied zu Zelldifferenzierung, wenn sich die Zellen verändern, um neue Aufgaben zu übernehmen.

Protein, auch Eiweiß genannt. Proteine sind Makromoleküle bestehend aus Aminosäuren. Sie haben eine Vielzahl von Funktionen. Sie können Enzyme sein, wenn sie katalytische Aktivität haben, oder als Gerüste fungieren, wenn sie der Zelle Struktur geben. Sie können auch als Botenstoffe dienen, als Pumpen, und sie sind der Hauptbestandteil der molekularen Maschinen.

Pseudowissenschaft ist eine Lehre, deren Proponenten vortäuschen, sich an wissenschaftliche Methoden zu halten.

puritanisch: Stammt vom lateinischen »purus«, rein, auf das Wesentliche beschränkt. Historisch wird der Ausdruck für eine sittenstrenge und tugendreiche Lebensform verwendet, meist aus streng religiösen Gründen.

Qualtinger, Helmut (1928–1986): Österreichischer Kabarettist, Erfinder des legendären Herrn Karl.

Quorum Sensing: Das Wort »quorum« stammt aus der Zeit der Römer und bezog sich auf die Anzahl der Anwesenden, um die Beschlussfähigkeit zu erreichen. In der Biologie beschreibt es ein System, in dem eine Population ihre eigene Zelldichte messen kann und danach ihre Genaktivität richtet. Bonnie Bassler ist eine Pionierin in der Erforschung dieses Phänomens.

Rank, Otto (1884–1939): Österreichischer post-freudianischer Psychoanalytiker, entwickelte die Willensphilosophie und die Willenstherapie. Anfänglich war er der engste Mitarbeiter Sigmund Freuds, löste sich dann von diesem und entwickelte die Psychoanalyse weiter, mit dem Ziel, Heilung zu erzielen. Rank war der Therapeut vieler prominenter Intellektueller in Frankreich und den USA.

Rassismus ist eine Ideologie, welche versucht, Herrschaftsverhältnisse aufgrund von biologischer Abstammung zu rechtfertigen, ohne dabei individuelle Fähigkeiten zu berücksichtigen.

rekombinieren: Neu vermischen. Die Rekombination der Gene bei der sexuellen Fortpflanzung führt zu einer wesentlichen höheren Diversität der Lebewesen und ist daher evolutionär sehr erfolgreich.

Religiöse Demenz ist ein aufgrund religiöser Missbildung entstandenes Defizit an kognitiven, emotionalen, sozialen und rationalen Fähigkeiten.

Rezeptoren sind Moleküle innerhalb oder an der Oberfläche von Zellen, welche Signale empfangen und diese auch übersetzen und weiterleiten können.

Rezession: (Gefürchteter) Zustand des Wirtschaftsabschwunges. Liegt dann vor, wenn das Bruttoinlandsprodukt einer Volkswirtschaft in zwei aufeinanderfolgenden Quartalen im Vergleich zu den vorhergehenden nicht wächst oder schrumpft.

Ribose ist der Zucker der RNA.

Riboswitch (Ribo-Schalter), auch RNA-Schalter: RNA-Komponente, die sich falten kann, um spezifische kleine Moleküle zu binden, und sich anschließend umfaltet, um die Expression von Genen zu steuern. Sie werden als Schalter bezeichnet, weil sie Gene ein- und ausschalten können.

RNA: Ribonukleinsäure, zu Deutsch »RNS«, international als RNA bekannt (für »Ribonucleic Acid«). Die RNA ist ein Makromolekül, welches – ähnlich der DNA – aus vielen aneinander verketteten Bausteinen besteht. Die RNA besteht aus Grundbausteinen. Jeder dieser Bausteine besteht aus einer der vier Basen Adenin, Cytosin, Uracil und Guanosin, einer Ribose und einer Phosphorsäure. Chemisch betrachtet gibt es zwei Unterschiede zur DNA: Der Zuckerrest, die Ribose, hat einen zusätzlichen Sauerstoff. Und: Das Uracil unterscheidet sich vom Thymin dadurch, dass es eine Methyl-Gruppe (CH_3) weniger hat. Dieser kleine chemische Unterschied hat aber enorme Folgen, weil durch diesen zusätzlichen Sauerstoff die RNA chemisch viel aktiver ist. Sie kann sehr unterschiedliche dreidimensionale Strukturen annehmen, ist aber dafür instabiler und leicht abbaubar. Wichtig für die Entstehung des Lebens sind zwei Eigenschaften des RNA-Moleküls: Es kann genetische Information speichern (wie DNA) und es kann chemische Katalyse antreiben (wie Proteine). RNA vereint damit zwei grundlegende Eigenschaften des Lebens in einem Molekül – Information und Stoffwechsel. Bei der Suche nach dem Ursprung des Lebens war es lange nicht klar, was zuerst da war: die DNA, die die Information zur Synthese der Proteine in sich trägt – oder die Proteine, die für den Stoffwechsel zuständig sind und notwendig sind, um DNA herzustellen. Die Antwort auf diese »Henne oder Ei«-Frage (Was war zuerst da?) ist die RNA. Sie ist das »Henn-Ei«, denn sie kann beides.

RNA-Sensor: Domäne eines RNA-Moleküls, welche Signale aufnehmen und umsetzen kann.

Rosling, Hans (geb. 1948): Schwedischer Arzt und Statistiker, der sich mit der Entwicklung der Weltbevölkerung beschäftigt. Entwickler der Software-Trendanalyse, mit der die Trends komplexer Prozesse sichtbar gemacht werden können.

Sartre, Jean-Paul (1905–1980): Französischer Philosoph, einer der führenden Denker des Existenzialismus.

Selbstmordmodul: Ein bakterielles Element, meistens bestehend aus zwei Genen. Eines der Gene kodiert für die Produktion des tödlichen Toxins, während das zweite Gen für ein Gegengift kodiert und somit die Produktion des Toxins reguliert.

Selektionsdruck ist der Druck auf Lebewesen, der ihre Fortpflanzung beeinträchtigt. Meistens sind dies Umweltfaktoren oder beim Menschen auch soziale Faktoren. Gut angepasste Individuen und Gesellschaften haben einen höheren Fortpflanzungserfolg.

Sequenz: Reihenfolge der Bausteine (A, C, G, T bei DNA und A, C, G, U bei RNA) auf der Kette.

Sisiphuszyklen: Sisiphus (Sisiphos) ist eine Gestalt aus der griechischen Mythologie. Für seinen Ungehorsam den Göttern gegenüber wurde er von Hermes in die Unterwelt verbannt und musste dort fortan einen Stein immer und immer wieder einen Berg hinaufrollen. Damit steht er für eine nicht enden wollende Arbeit oder Anstrengung, die immer wieder von vorne beginnt.

Słonimski, Piotr (1922–2009): Polnisch-französischer Wissenschaftler und Pionier der mitochondrialen Genetik. Er war am polnischen Widerstandskampf gegen die Nationalsozialisten beim Warschauer Aufstand beteiligt.

Sokrates (469–399 v. Chr.): Ein für das heutige Denken grundlegender Philosoph der griechischen Antike. Er lebte und wirkte in Athen.

Stammzelle: Zelle, die sich einerseits identisch vermehren kann und sich andererseits zu anderen Zelltypen differenzieren kann. Faszinierend ist ihre Fähigkeit, sich ewig zu teilen, also unsterblich zu sein oder sich zu einem vollständigen Organismus zu entwickeln (wenn es eine embryonale omnipotente Stammzelle ist).

Stoffwechsel ist die Aktivität von Lebewesen, durch die sie Energie und Bausteine aus ihrer Umgebung beziehen, um zu leben und zu wachsen.

Stress ist die Antwort auf Begebenheiten, die unser Wohlbefinden bedrohen.

Syphilis ist eine sexuell übertragene bakterielle Erkrankung durch den Erreger Treponema pallidum. Der Forscher Paul Ehrlich behandelte als Erster die Syphilis chemotherapeutisch und erfand dabei die Chemotherapie. Ihm wurde der Prozess gemacht, weil er an Syphilis erkrankte Prostituierte behandelte und man ihm vorwarf, damit Gottes Willen zu missachten.

Tante Jolesch: Literarische Figur aus Friedrich Torbergs gleichnamigem Werk mit dem Untertitel »Der Untergang des Abendlandes in Anekdoten« (1975).

Thymin: Eine der vier Basen der DNA, paart mit Adenin über zwei Wasserstoffbrücken.

Torberg, Friedrich (1908–1979): Österreichisch-tschechoslowakischer Schriftsteller. Sein bekanntestes Werk ist »Der Schüler Gerber« und seine bekannteste literarische Figur die »Tante Jolesch«.

toxisch = giftig

Trägheit: Eine Kraft, die sich gegen Veränderung sträubt.

Tumor Counter Attack: Ein noch nicht ganz gesicherter Begriff, welcher impliziert, dass wachsende Krebszellen sich gegen das Immunsystem wehren.

Typhus: Eine durch das Bakterium Rickettsia verursachte Infektionskrankheit.

unfit: Nicht in ausreichend guter Verfassung, um dem Selektionsdruck standzuhalten.

Uracil: Eine der vier Basen der RNA. Paart über zwei Wasserstoff-brücken mit Adenin.

Ursuppe, Ursuppenexperimente: Darunter versteht man Experimente, die den Ursprung des Lebens im Labor nachstellen und vielleicht auch erklären könnten. Man sucht nach den Bedingungen, die auf der Erde bestanden haben könnten, als das Leben entstand, und lässt die damals ablaufenden chemischen Reaktionen erneut ablaufen. Bekannt für das erste Ursuppenexperiment wurde Stanley Miller (1930–2007), Schüler des Nobelpreisträgers Harold Urey (1893–1981); die beiden kochten im Jahr 1953 im Labor der Universität von Chicago die Ursuppe nach.

Utopie: Wörtlich »etwas, das es nirgends gibt« (altgriechisch). Utopien sind Wunschvorstellungen, in denen gefordert wird, dass Menschen die gesellschaftlichen Verhältnisse ändern. Eine Utopie ist die Vision einer Gesellschaft, die im Prinzip verwirklicht werden kann, ohne dass ein göttliches Eingreifen vorausgesetzt wird.

Varianz = Veränderlichkeit

Verantwortung: Die Pflicht, die ein Mensch einer anderen Person gegenüber hat. Früher stand Gott als Verantwortungsinstanz.

Vernunft: Vielseitig definierter und Verwirrung schaffender Begriff. Die Vernunft ist eine durch Erkenntnis geleitete, Ordnung schaffende Kraft. Wenn die Erkenntnis jedoch nicht auf Tatsachen beruht, sondern auf falschen Annahmen, dann ist sie eher Aberglaube. Der Begriff impliziert, dass durch Vernunft geleitete Taten nicht wertfrei, sondern »gut« sind.

viral: Von Viren abstammend.

virulent: Phase, in der ein Virus sich stark vermehrt. Virulenz ist ein Begriff aus der Mikrobiologie, der angibt, wie stark ein Krankheitserreger tatsächlich eine Krankheit verursacht.

Virus: Kleines Partikel, welches Zellen befällt und sich nur innerhalb einer Wirtszelle vermehren kann. Viren stellen noch keine

Lebewesen dar, weil sie keinen eigenen Stoffwechsel haben. Sie enthalten jedoch genetische Information in Form von DNA oder RNA.

Voltaire (1694–1778): Französischer Philosoph und Historiker; einer der ersten Aufklärer, der für religiöse Freiheit und die Trennung von Kirche und Staat plädierte.

Eine **Wachstumskurve** ist die Darstellung der Zunahme eines Prozesses nach der Zeit.

Wasserstoffbrücken: Schwache Wechselwirkungsart zwischen Molekülen, welche über ein Wasserstoffatom vermittelt wird und bei der sich zwei elektronegative Atome ein Wasserstoffatom teilen. Eine für das Leben entscheidende Bindung, weil sie leicht auf- und zugeht und dadurch eine hohe Flexibilität und Dynamik von Molekülen in einer kontrollierten Weise ermöglicht.

Welterschöpfungstag (Earth Overshoot Day): Jener Tag des Jahres, an dem die Menschen bereits alle Ressourcen verbraucht haben, die für ein ganzes Jahr zur Verfügung stünden. In den letzten Jahren ist dieser Tag Ende August. Ab diesem Datum zehren wir von den Ressourcen unserer Nachkommen.

Weltseele: Wissenschaftlich nicht untersuchbare unkörperliche Kraft, die der Welt Vernunft einflößen könnte.

WHO: World Health Organization. Die WHO ist die Organisation der UNO, welche die Koordinierung der Gesundheit der Weltbevölkerung innehat.

Wissen sind bewusst gewordene Tatsachen, die auch ohne unser Wissen existieren. Im Gegensatz zum Glauben, dessen Inhalte oft nur in den Gedanken der Gläubigen existieren.

Wittgenstein, Ludwig (1889–1951): Österreichisch-britischer Philosoph. Wird als der einflussreichste Philosoph der 20. Jahrhunderts gefeiert. Er emanzipierte die Philosophie in die Welt der Tatsachen, als Gegensatz zur virtuellen Philosophie, die sich mit

Scheinproblemen beschäftigt, die es nicht gäbe, wenn sie nicht erdacht worden wären.

Zellen sind die kleinsten Einheiten des Lebens, die sich eigenständig vermehren können. Manche sind so klein, dass sie nur mithilfe anderer Zellen leben können.

Zellmetabolismus ist der Stoffwechsel der Zelle. Zellen nehmen Nahrung auf und verdauen diese, um Energie und Bausteine für das eigene Wachstum zu verwenden. Nicht verdaute Produkte werden ausgeschieden.

DANK

Ich möchte allen meinen Mitmenschen danken, die sich immer wieder mit mir hinsetzen und auf Diskussionen einlassen. Ihr seid mir eine unerschöpfliche Quelle der Freude und des Glücks. Für das kritische Lesen und Kommentieren des Manuskripts danke ich Fabian Schroeder, Hans Sperl und André Jaquemet. Carmen Sippl war auch für die Zündung dieses Buches verantwortlich, danke! Dem Residenz Verlag danke ich für die gute Betreuung, vor allem Stephan Gruber.

RENÉE SCHROEDER
mit Ursel Nendzig

DIE HENNE UND DAS EI

Auf der Suche nach dem Ursprung des Lebens

ISBN 978 3 7017 3248 7

Was ist der Mensch? Jeder Mensch will wissen, wer er ist und woher er kommt. Die spannende Suche nach dem Molekül des Lebens führt die Biochemikerin Renée Schroeder weit über die Grenzen ihres Faches hinaus zu den Grundfragen des Seins. Woher kommen wir, wo geht es hin? Wie funktioniert Evolution und welche Rolle spielt der Zufall?

In diesem Buch zeigt die leidenschaftliche Wissenschaftlerin, was angewandte Bioethik ist und welche Bedeutung das HennEi für unsere Zukunft hat. Sie führt uns durch die faszinierende Welt der Moleküle und lässt uns Einblick nehmen in ihr Weltbild, das sich täglich ändert, wie das Leben auch: »Ein guter Tag ist ein Tag, an dem ich sagen kann: Das sehe ich jetzt anders.«

**WISSENSCHAFTSBUCH DES JAHRES 2012
(Kategorie Medizin/Biologie)**

»Eine spannende Kopf-Reise zu den Grundfragen des Seins.«

NEWS LEBEN

»Sie diskutiert manchmal über ihr Weltbild. Und das sagt, dass der Weg zur Wirklichkeit unbequem ist und dabei Hypothesen umgeworfen werden müssen. (…) Genau in diesem Stil hat sie der Journalistin Ursel Nendzig erzählt, was Leben ist. Ihr Wunsch, dass danach jede/r LeserIn weiß, was eine RNA ist, wird wohl in Erfüllung gehen.«

DER STANDARD, Peter Illetschko